RENATE HUDAK

Kräuter

Schritt für Schritt zum eigenen Kräuterparadies

› Wie Sie Ihren Kräutergarten richtig anlegen

› So gedeihen Ihre Kräuter in Beet und Topf

RENATE HUDAK

Kräuter

Über 210 Farbfotos von Manfred Jahreiß und Eva Wunderlich, Hans Reinhard, Jutta Schneider/Michael Will und anderen bekannten Gartenfotografen
Illustrationen von Heidi Janiček

3 Porträts 92

1

Planung

Kräuterwünsche – Kräuterwahl

Kräuter sind derzeit die angesagten Stars unter den Gartenpflanzen. In Beet und Topf finden die aromatischen Multitalente immer häufiger Verwendung. Sie beleben den Garten mit bunten Blüten und intensivem Duft. Auch wegen ihres vielseitigen Einsatzes in der Küche oder als Heilpflanzen sind sie beliebt.

Mit Kräutern ziehen trendige Multitalente ins Beet oder den Topfgarten ein. Auf der Fensterbank oder im Garten bereichern die aromatischen Pflanzen Ihr grünes Reich auf vielfältige Art und Weise.

Vielfältige Kräuter

Sie möchten Salate und Gerichte mit gartenfrischem, aromatischem Grün aufpeppen und raffinierte Rezepte mit frischen Kräuterzugaben verfeinern? Träumen Sie von einem Duftgarten im mediterranen Stil? Oder eher von einer naturbelassenen, »wilden« Ecke, wo Sie heimische Küchenkräuter und Heilpflanzen direkt vor der Haustür ziehen können? Vielleicht möchten Sie aber auch in erster Linie die Farben- und Formenvielfalt der Kräuter dazu nutzen, zusammen mit anderen Stauden und Gartenpflanzen einen raffiniert gestalteten Duft-, Farb- oder Blattschmuckgarten anzulegen. Steht Ihnen der Sinn nach »Wellness« aus dem eigenen Garten, um in ein duftendes Kräuterbad einzutauchen oder sich mit einer beruhigenden Teemischung zu entspannen? All das ist mit Kräutern möglich. Lassen Sie sich von diesen sinnlichen Pflanzen inspirieren, entdecken Sie Ihre persönlichen Vorlieben und probieren Sie mutig Verschiedenes aus: Die Kräuter werden auch die individuellsten Ansprüche bestens erfüllen!

Eine Frage des Platzes

In einem großen Garten fällt es leicht, Kräuter ihren Ansprüchen gerecht unterzubringen. Bei nur wenig Platz ist es besonders wichtig, die zum Boden und Standort passenden Kräuter auszuwählen, damit die Pflanzen gut wachsen. Vielleicht machen Sie erst in einem kleinen Beet Platz für die würzigen Gäste und testen ihr Gedeihen. Oder Sie finden auf Balkon oder Terrasse ein passendes Plätzchen, z. B. in einer Etagere oder Ampel. In der Küche bietet sich die Fensterbank als Ideal-Platz an. Wie Ihre Entscheidung auch ausfallen mag: Die meisten Kräuter lieben die Sonne, in der sich ihr Aroma voll entfalten kann.

Aromatischer Kräuterduft empfängt Sie in diesem Gartenparadies, wenn Sie auf den von Buchs gesäumten Wegen wandeln.

Kräuter für jeden Geschmack

Steht Ihnen der Sinn nach bunter Blütenpracht, verführerischen Düften oder aromatischen Gaumenfreuden? Ob für Beet oder Blumentopf: Die Kräuterpalette ist nahezu grenzenlos.

Mediterrane Kräuter und Accessoires zaubern schnell ein Urlaubsfeeling auf die heimische Terrasse.

Wer sich für Kräuter entscheidet, entscheidet sich für Vielfalt. Denn mit den aromatischen Pflanzen kommen nicht nur Gourmets auf ihre Kosten, auch Garten-Ästheten und Wellness-Fans finden Gefallen an den grünen Multitalenten.

Für jeden ist etwas dabei

Salat- und Würzkräuter, die direkt aus dem Garten oder vom Fensterbrett frisch auf den Tisch wandern, sind ungleich aromatischer und gehaltvoller als gekaufte Gewürze. Sichern Sie sich diese einmaligen Geschmackserlebnisse, indem Sie z.B. Petersilie, Basilikum, Estragon oder Dill in Töpfen und Kübeln oder auf einem Kräuterbeet immer griffbereit haben.

Duftende und heilsame Blütenpracht

Besonders intensiv duftende Kräuter sind eine Verführung für die Nase. Gleichzeitig bieten die Duftwunder auch was fürs Auge: Die zierlichen Blüten z.B. von Salbei leuchten zwischen gleichgesinnten Stauden oder Sommerblumen im Garten. Doch nicht nur das – für eine Sommerblütenbowle oder eine duftende Tischdeko sind sie schnell zur Hand und verleihen Ihrem Sommerfest das gewisse Extra.

Wild- und Heilkräuter wie Spitzwegerich, Johanniskraut oder Beinwell fühlen sich auch im Garten oder in einem Kübel

Die Blüten von Ringelblumen, Salbei und Ysop bringen Farbe ins Kräuterbeet.

auf dem Balkon ausgesprochen wohl. Dort können Sie auch getrost Blätter und Blüten der »gezähmten Wildlinge« ernten und verwenden, die im Gegensatz zu Wildkräutern aus der freien Landschaft weitgehend unbelastet von Spritzmitteln und Umweltgiften sind. Ein knackiger, frischer Wildkräutersalat oder ein belebender Erkältungstee schmecken dann nochmal so gut und sind dazu gesund.

Mediterranes Kräuterflair

Wer statt von heimischer Wildnis eher vom sonnigen Süden träumt, der kann seinen Sehnsüchten mit Kräutern auf die Sprünge helfen. Rosmarin, Lavendel, Lorbeer und verschiedene Duftsalbei-Arten verzaubern Ihren Garten im Nu in eine mediterrane Oase. Terrassen- und Balkonbesitzer sind in diesem Fall sogar ein wenig im Vorteil. An diesen geschützten, warmen Plätzen in direkter Hausnähe, wo oftmals auch noch Plattenbeläge Wärme spenden, wachsen die südländischen Sonnenanbeter nämlich ausgesprochen gut und ihre Blätter und Triebe werden ganz besonders aromatisch.

Kräuter auf Balkonien

Viele weitere Kräuter machen eine gute Figur in Töpfen und Kübeln, auf Etageren und Pflanzenstellagen: Wählen Sie Pflanzen für Terrasse und Balkon aus, die als Einzelexemplare in Gefäßen gut zur Geltung kommen, wie Salbei, Lavendel, Ysop, Indianernessel oder Silberwermut. Das mobile Grün lässt sich jederzeit umgestalten, z.B. in einen Kräuter-Dschungel zum Sommerfest oder in eine romantische Duftlaube.

Ein- oder mehrjährige Kräuter?

Einjährige Kräuter bilden im Jahr ihrer Aussaat Blätter, Triebe, Blüten und Samen und sterben danach ab. Sie werden jedes Jahr neu ausgesät. Bei Zweijährigen erscheinen im ersten Jahr Blätter und Triebe, im darauf folgenden Jahr Blüten und Samen, danach endet der Lebenszyklus dieser Pflanzen. Achten Sie bei der Beetgestaltung darauf, dass die Kräuter ausreichend Platz haben. Wer auf eine jährliche Blütenpracht nicht verzichten möchte, sollte regelmäßig nachsäen, damit keine Blühpausen entstehen! Mehrjährige Kräuter liefern über Jahre hinweg würzige Triebe, Blätter und Blüten und entwickeln sich im Lauf der Jahre zu immer stattlicheren Exemplaren (→ Porträts ab Seite 92).

Wieviel darf's denn sein?

Von besonders wüchsigen Pflanzen wie Beifuß, Liebstöckel oder Gewürzfenchel genügt ein einzelnes Exemplar. Andererseits entscheidet Ihre Vorliebe, wie viel Sie von einer Pflanze benötigen. Während z. B. Basilikum seine Blätter häufig dem Essen beisteuert, findet Lavendel seltener den Weg in Salate oder den Kochtopf. Wer mit getrockneten Kräutern vorsorgen möchte, sollte je nach Art drei bis fünf Pflanzen in Beet oder Topf haben.

Tipp

ZITRONIGE FRISCHE EN GROS

Lassen Sie in einem Duftbeet oder in einem Kasten auf Balkon oder Terrasse verschiedene Kräuter um die Wette duften und machen Sie den Test: Wer verströmt das intensivste Zitronenaroma? Spezialisten mit Zitrusduft sind Zitronenmelisse, Zitronenverbene, Zitronenthymian, Zitronengeranie, Lemonysop und Zitroneneberraute.

Hier fühlen sich Kräuter wohl

Kräuter gedeihen an vielen Plätzen: Ob in Ihrem Garten Sonnen- oder Schattenseiten vorherrschen, der Boden sandig oder lehmig ist – für jeden Standort ist ein Kraut gewachsen.

Der richtige Standort und Boden entscheiden im Wesentlichen, ob Ihre Kräuter sich wohl fühlen. Haben Sie rund ums Haus Pflanzflächen und Beete, dann sind Ihrer Kräuterauswahl kaum Grenzen gesetzt. Denn dann finden sich sicherlich sowohl warme, geschützte Sonnenplätzchen als auch schattige oder halbschattige Orte. Haben Sie nur wenig oder einen bestimmten Platz, an dem entsprechend vorgegebene Bedingungen herrschen, passen Sie Ihre Kräuterauswahl diesen an. Dennoch bleiben auch bei auf den ersten Blick problematischeren Standorten noch ausreichend Arten für eine Kräutervielfalt übrig.

Berücksichtigen Sie bei der Auswahl auch den Boden. Ein optimaler Boden kann z.B. fehlendes Licht wettmachen, ein zu schwerer Boden in voller Sonne andererseits trotzdem nicht zum gewünschten Kräutererfolg führen. Beziehen Sie diese Überlegungen von Anfang an mit in Ihre Planung ein, damit Ihre Kräuter auch bestens gedeihen und Beete oder Topfgarten mit ihrem Flair und Geschmack bereichern.

Mediterrane Kräuter eignen sich für reizvolle Arrangements auf kleinen Sonnenbeeten.

Kräuter für Sonne und Schatten

Bezüglich ihres Lichtbedürfnisses können Kräuter grob in zwei große Gruppen eingeteilt werden: die wärmeliebenden »Sonnenkinder« und die genügsamen »Schattenkünstler«.

Der Sonne entgegen

Ausgesprochene Sonnenanbeter unter den Kräutern sind Currykraut, Majoran, Basilikum, Lavendel, Oregano, Rosmarin, Salbei und Thymian. Diese Kräuter stammen aus südlichen Ländern und brauchen ähnliche Bedingungen, wie sie dort vorherrschen, um ihr typisches Aroma entwickeln zu können. Je sonniger und wärmer ihr Gartenplatz ist, umso mehr ätherische Öle bilden die Pflanzen in ihren Blättern und Trieben aus, und umso intensiver und ausge-

»Schattenkünstler« wie das giftige Maiglöckchen (links), Bärlauch und Veilchen bilden mit Funkien bunte, dichte Teppiche.

prägter sind ihr Duft und ihr Geschmack. Im Schatten oder Halbschatten entwickeln sie nur wenig Aroma und kommen spärlich oder gar nicht zum Blühen. Auch die meisten Blütenkräuter wie Kapuzinerkresse, Königskerze und Indianernessel brauchen täglich eine gehörige Portion Sonnenschein. Das gilt ebenso für Wildkräuter wie Schafgarbe und Johanniskraut.

Im Schatten zufrieden

Doch auch im Schatten duftet es würzig, z.B. nach Bärlauch. Selbst dort begegnen uns zarte Kräuterblüten, wie die des Waldmeisters, die so manche dunkle Gartenecke aufhellen. Bei den Schattenkräutern handelt es sich häufig um heimische Waldpflanzen, die sich unter Sträuchern und Bäumen besonders wohl fühlen. Kräftig grüne Laubfärbung und saftige, große Blätter wie bei Engelwurz und Süßdolde sind einige ihrer markanten Merkmale.

Einige Kräuter gedeihen im Halbschatten noch sehr gut, auch wenn sie eher Sonne schätzen. Zu ihnen gehören typische Teekräuter wie Spitzwegerich, Pfefferminze, Zitronenmelisse, Meerrettich, Rainfarn und Liebstöckel.

Optimaler Kräuter-Boden

Die meisten Kräuter sind relativ anspruchslos und wachsen in jedem »normalen« Gartenboden, der etwas durchlässig und nicht allzu schwer ist. Die wenigsten mögen allerdings dauerhaft nasse Füße. Abgesehen von Brunnenkresse, Kalmus und Bachbunge, die Wasser lieben, sollten Sie keine Ihrer Kräuterpflanzen in nassen Boden setzen. Prüfen Sie vor der Anlage eines Beetes und dem Kauf der Kräuter, welchen Boden Sie in Ihrem Garten haben. Machen Sie die Bodenprobe (→ Seite 32/33) und verbessern Sie gegebenenfalls Ihren Boden (→ Seite 46).

Für kiesige, sandige, durchlässige Beete gibt es spezielle »Hungerkünstler« unter den Kräutern, die – auch ohne dass der Boden zuvor mit humosen Bestandteilen verbessert wurde – auf diesen Plätzen bestens gedeihen. Zu ihnen zählen z.B. Thymian, Quendel, Beifuß, Johanniskraut, Königskerze und Wermut.

Im Topfgarten haben Sie es leichter: Dort können Sie die Erde individuell anpassen.

Checkliste

»SONNENKINDER« ERKENNEN

- ✔ Blau- oder graugrüne Blätter z.B. von Lavendel oder Salbei schützen vor zu hoher Verdunstung.
- ✔ Ebenso wollig behaarte Blätter wie bei der Königskerze.
- ✔ Fleischige Blätter, z.B. von Tripmadam, dienen als Wasserspeicher.
- ✔ Harzigklebrige Stängel und Blätter wie bei der Ringelblume deuten auf einen hohen Gehalt ätherischer Öle hin.

Die Vielfalt des Kräuteranbaus

Unterschiedliche Blatt- und Blütenfarben und verschiedene Wuchsformen der Kräuter machen Lust auf kreative und spannende Kombinationen. Sie bringen Abwechslung ins Gemüsebeet, duften zwischen bunten Gartenblumen oder legen sich wie ein Teppich über Steine und zwischen Platten.

Kräuter überraschen immer wieder aufs Neue: Lassen Sie sie mit Stauden und Sommerblumen um die Wette blühen, gemeinsam mit Rosen duften oder als auffällige Blickfänge zwischen Salat und Gemüse den Ton angeben. Spielen Sie mit den unterschiedlichen gestalterischen Aspekten, von denen die Kräuter eine ganze Palette zu bieten haben. Dazu gehören z.B. Größe, Wuchs- und Blattform, Laub- und Blütenfarbe. Im Steingarten löst z.B. Thymian die bunten Blütenteppiche der Blaukissen ab. Große Blätter wie die des Meerrettichs stehen im gelungenen Kontrast zu zartem Blattgefieder von Kerbel und Dill. Zum Anfassen und Streicheln animiert das wollig behaarte Laub der Königskerze. Zarte Winzlinge wie der Waldmeister bilden duftige Teppiche, mächtige Einzelpflanzen wie Gewürzfenchel oder Engelwurz thronen majestätisch im Mittelpunkt eines Beetes.

Starke Kombinierer

Die meisten Kräuter sind auch wahre Genies, wenn es darum geht, sich harmonisch in bereits im Garten vorhandene Stauden- oder Rosenpflanzungen einzufügen. Kombinationen mit liebenswerten Blühern und Duftern wie Lavendel, Salbei oder Oregano gelingen eigentlich immer und sind schnell angelegt. Trockenmauern oder der Platz zwischen Trittplatten bieten weitere attraktive Gelegenheiten, Kräuter zu integrieren.

Kräuter in Szene setzen

Viele Gestaltungsmöglichkeiten stehen Ihnen mit Kräutern offen. Attraktiv und nicht alltäglich wirkt eine Kräuterschnecke oder -spirale, die das Herzstück eines Gartens sein kann und ganz unterschiedlichen Kräutern ein Zuhause gibt. Sie verbindet eine Vielfalt an Kräuterduft und -würze auf engstem Raum. Ein bunt gemixtes Kräuterbeet, z.B. zusammen mit Gemüse, ist ebenso möglich wie eine wilde Kräuterwiese oder eine lauschige Duftbank in einer stillen und idyllischen Gartenecke.

Zwischen Kräuterriesen (Roter Fenchel) und Winzlingen (Polsterthymian) lädt ein »dufter« Sitzplatz zum Verweilen ein.

Gesucht – gefunden: Begleiter für Kräuter

Neben bunten Blumen, zwischen Gemüse oder mehrjährigen Gartenblumen gedeihen viele Kräuter ausgesprochen gut. Ihre leichte Vergesellschaftung macht es einfach, ein Plätzchen für sie zu finden.

Blühende Frauenmantelpolster sind eine gelungene Wegbegrenzung im Kräutergarten.

Kräuter lassen sich hervorragend mit anderen Gartenpflanzen, wie Blumen oder Gemüse, vergesellschaften und kombinieren.

Kräuter kombinieren

Ohne viel Aufwand und großen Platzbedarf können auf diese Weise Kräuter in Ihrem Garten Einzug halten. Angelegt als Beeteinfassung, als duftender Weg durch den Garten, als Aroma verströmende Tuffs im Staudenbeet oder in der Steinmauer, im Topfgarten zwischen bunt blühenden Sommerblumen – Plätze und Partner finden sich dank der Vielseitigkeit der Kräuter überall. Selbst ein Gemüsebeet wird so zum bunten, vielfältigen Gartenhighlight (→ Seite 36/37).

Ein Potpourri aus Kräutern und Blumen

Ergänzen Sie bunte Sommerblumen, die während der frostfreien Zeit von Mai bis Ende September unermüdlich blühen, auf Beeten oder im Balkonkasten doch einmal mit einjährigen Kräutern. Sie werden staunen, wie gut z. B. Rote Gartenmelde, Dill und Chinesischer Lauch zu hohen Sonnenblumen und rosa Schmuckkörbchen passen. Zu niedrigen Sommerblumen in Beeten oder Pflanzgefäßen setzen Sie Kapuzinerkresse, Gewürztagetes und rotlaubige Basilikumsorten. Nicht nur die Blüten, auch die unterschiedlichen Blätter setzen hier Akzente.
Für Fans von buntlaubigen oder auffälligen einjährigen Kräutern lohnt es sich, im Samenfachhandel zu stöbern. Dort werden mittlerweile viele attraktive Sorten angeboten.

Als Untermieter bei Stauden

Seite an Seite wachsen Kräuter auch mit einer Vielzahl von Blüten- und Blattschmuckstauden – den mehrjährigen Gartenblumen in Ihrem grünen Reich. Damit die Lebensgemeinschaft dauerhaft gelingt, pflanzen Sie Stauden und Kräuter nebeneinander, die ähnliche Standorte bevorzugen. So zaubern z. B. typische Frühlings- und Wildkräuter wie Bärlauch, Lungenkraut oder Waldmeister zusammen mit frühblühenden Stauden wie Leberblümchen, Primeln und Elfenblumen einen bunten und bodendeckenden Teppich unter Hecken und Sträucher. An einem ähnlich halbschattigen Platz schaffen höhere Stauden wie hellgrüne Farne und breitblättrige Funkien zusammen mit blühendem Beinwell und duftender Minze ein märchenhaftes Flair. Ein sonniges Beet lassen Sie in leuchtenden, warmen Sommerfarben erstrahlen, indem Sie Steppenkräuter wie Indianernessel oder Anisagastache mit Blütenstauden wie Sonnenauge und zartgelber Flockenblume kombinieren. Auch Trockenheit liebende Stauden werden durch die Nachbarschaft bunt blühender Kräuter aufgemuntert. Pflanzen Sie Thymian und Polster-Oregano zu flachen Steingartenstauden, mittelhohen Salbei

Die Rote Gartenmelde, im Verein mit Borretsch und Ringelblume, setzt frische Farbtupfer zwischen Gemüse und Salat.

neben niedrige Nachtkerzen, Königskerzen und Johanniskraut zu Edeldisteln und Katzenminze.

Ideale Partner: Kräuter und Gemüse

Kräuter und Gemüse sind nicht nur in der Küche, sondern auch im Garten prima Partner. Ihre meist ähnlichen Ansprüche an Boden und Standort lassen sie zufrieden nebeneinander wachsen. Ganz besonders peppen buntlaubige und auffällig blühende Kräuter das in erster Linie grüne Salat- und Gemüseallerlei auf. Blütenkräuter wie Ringelblume, Kapuzinerkresse und Borretsch sind traditionelle Gemüsebegleiter und zudem auch besonders ausdauernde Blüher. Die Blattfarben von grau-, silber- oder blaulaubigen Kräutern wirken zwischen kräftig grünem Salat und Spinat als attraktive »Hingucker«. Kräuter mit bunten, gefleckten Blättern präsentieren Gemüse in einem neuen, trendigeren Licht.
Schöne gestalterische Effekte erzielen Sie, wenn Sie Gemüse und Kräuter mit unterschiedlichen Wuchsformen kombinieren: z. B. kugelige und breite mit schmalen, hoch aufragenden Formen. Schlanke Kräutersilhouetten wie Dill oder Gartenmelde machen sich gut zwischen Köpfen von Rot- oder Weißkraut.

Ein würziger Rahmen

Eine klare Gliederung und Einteilung der Beete im Gemüsegarten und entlang von Wegen im Garten hilft, Ordnung und Übersicht zu bewahren. Grenzen Sie einzelne Beete voneinander ab: Verwenden Sie statt der klassischen Beeteinfassung oder Wegbegrenzungen in Form von Buchshecken doch einmal Lavendel, Heiligenkraut, Ysop oder Schnittlauch (→ Seite 38/39). Regelmäßiger Pflege- und Ernteschnitt halten die Einfassung top in Form.

Tipp

DIE KLASSIKER: ROSE UND LAVENDEL

Lavendel hat längst die traditionellen Kräutergärten verlassen und statt dessen die Rosenbeete erobert. Sowohl seine Farbe als auch sein Duft schmeicheln der »Königin der Blumen« und vertreiben so manche Blattlaus. Verwenden Sie den dunkelblauen 'Hidcote Blue' zu Rosen in Gelb und Rosa oder weißen Lavendel der Sorte 'Alba' zu roten Rosen.

Kräutergarten mit Tradition

Der Kräuteranbau in Klostergärten hat eine lange Geschichte. Über Jahrhunderte hinweg hat sich die besondere, formale Gestaltungsart dieser Gärten erhalten und ist heute wieder hochaktuell.

Blaugrüne Weinraute in Rondellform bildet einen Kontrast zu den frischgrünen Buchshecken.

Wenn Sie an einer formalen Gestaltung Gefallen finden, ist es eine reizvolle Aufgabe, einen »Kloster-Kräutergarten« nach historischem Vorbild oder einzelne Beete in diesem Stil anzulegen.

Geometrie im Kräutergarten

Gestaltet waren Kloster-Kräutergärten meist überall nach einem ähnlichen Prinzip: Eine rechteckige oder quadratische Grundfläche ist in mehrere gleich große Beete in Form von geometrischen Figuren (Quadrate, Rauten, Rechtecke, Dreiecke) unterteilt. Dazwischen verlaufen kreuzförmig Trittplattenwege, die sich ebenfalls am quadratischen oder rechteckigen Grundriss orientieren. Im Zentrum des Gartens befindet sich oft ein Pflanzenrondell mit einem Busch oder kleinen Baum, einem Rosenhochstämmchen, einem Brunnen oder einer Skulptur. Überlegen Sie sich, ob Sie aus dem Vollen schöpfen und in einem separaten Gartenteil ausschließlich Küchen- und Heilkräuter in Form eines Kloster-Kräutergartens anbauen möchten. Dann sollten Sie dafür mindestens 15 m² zur Verfügung haben. Im »Kleinformat« lassen sich aber auch einzelne Beete in einer formalen Weise gestalten.
Im klassischen Klostergarten waren die Beete mit hochkant aufgestellten Brettern eingefasst, später mit niedrigen Hecken aus Heiligenkraut

...bald werden alle Geheimnisse gelüftet!
Harry Potter™
7
Sabine Wilharm/CARLSEN-Verlag

Eingeteilte Beete machen Platz für Kräuter und Gemüse auf engstem Raum.

oder Buchs, was sich schön in die heutigen Gärten übernehmen lässt. Auch Lavendel, Currykraut oder Ysop eignen sich als Beetgrenze. Oder Sie wählen jeweils eine andere Einfassung für jedes Beet. Bringen Sie die kleinen Hecken regelmäßig durch Schnitt in Form, sonst wirken sie ungepflegt und nehmen den Kräutern auf den Beeten Platz und Licht weg. Beeteinfassungen dienen übrigens nicht nur gestalterischen Zwecken, sondern haben für die Pflanzen in den Beeten auch einen praktischen Nutzen: Die Lufttemperatur dicht über dem Boden erhöht sich durch eine Einfassung um 1–2 °C. Die kleine Kräuterhecke bremst außerdem starke Wind- und Luftbewegungen. Dadurch stehen die Pflanzen geschützter und gedeihen besser.

Hecken als Blickfang

Ein historischer Kloster-Kräutergarten war für die Menschen etwas Besonderes, eine Art »Paradiesgarten«, der mit einer Mauer oder Hecke geschützt wurde. Mit einer in Form geschnittenen Hecke z. B. Rotbuche, Hainbuche oder Eibe, mit einer Reihe von an Drähten entlanggezogener Himbeeren oder einem frei stehenden Apfelspalier übernehmen Sie dieses traditionelle Element in Ihren Garten. An den Zugängen in allen Himmelsrichtungen in Form von Torbögen oder Laubendurchgängen bieten sich duftende Kletterrosen oder Jelängerjelieber an, die an den Bögen hinaufranken.

Gemusterte Pflanzungen

Auf den dicht bepflanzten Beeten im Klostergarten waren die Kräuter so angeordnet, dass durch ihre verschiedenen Blütenfarben, Wuchs- und Blattformen und unterschiedlichen Wuchshöhen geometrische Muster entstanden. Um dies nachzuempfinden, wählen Sie z. B. für die Bepflanzung eines Beetes nur Kräuter von ähnlicher Höhe und ähnlichem Wuchs, die sich in Blattfarbe oder -form jedoch deutlich unterscheiden. So entsteht eine abwechslungsreiche Struktur nach historischem Vorbild, z. B. mit grün- und gelbblättrigem Thymian im Wechsel oder einer Mischung von violettblättrigem und graulaubigem Salbei. Spannend wirkt ein nach Höhen gestaffeltes Beet mit Beifuß im Mittelpunkt und z. B. Johanniskraut und Indianernessel als Rahmen. Voraussetzung für solche Zusammenstellungen sind vor allem die gleichen Ansprüche der Kräuter an Licht und Boden. Außerdem sollten Sie die Wüchsigkeit der Pflanzen berücksichtigen. Ein kriechender Thymian wird von einer Kapuzinerkresse überwuchert. Bei viel Platz bieten sich großflächige Pflanzungen an. Im kleinen Garten wählen Sie besser schwachwüchsigere Arten, die weniger Platz beanspruchen.

Praxisinfo

DIE VORTEILE FORMALER BEETE UND GÄRTEN

- Kleine Gärten oder Flächen bleiben durch das klar gegliederte Ordnungsprinzip auch bei einer großen Pflanzenvielfalt übersichtlich.
- Eine dichte Bepflanzung unterdrückt Unkraut.
- Pflege und Ernte werden durch voneinander abgegrenzte Beete erleichtert, denn sie ermöglichen einheitliche Arbeitsgänge wie Gießen oder Mulchen und über Wege leichten Zugang zu allen Pflanzflächen.

Von der Kräuterspirale bis zum Duftweg

Wer nach exklusiven Ideen sucht, Kräuter im Garten oder auf der Terrasse in Szene zu setzen, kann je nach Platz und individuellen Vorlieben verschiedene ausgefallene Möglichkeiten in Betracht ziehen.

So unterschiedlich Kräuter sind, so unterschiedlich und individuell können sie in Ihr grünes Reich einziehen. Auch in ausgefalleneren Bepflanzungs-Ideen kommen sie bestens zur Geltung und präsentieren sich dort aufs Schönste. In einem großen Garten bietet sich eine Kräuterspirale an, die vor allem mit ihrer Kräutervielfalt überzeugt. Aber auch im Kleinen bleibt genügend Raum für die aromatischen Pflänzchen, z. B. zwischen Trittplatten oder als duftende Bank in der Sonne.

Wer auf einer solchen Duftbank »thronen« kann, fühlt sich wie ein König in seinem Garten!

Kräuter zusammen mit Steinen

Eine extravagante Lösung für einen sonnigen Kräuterplatz ist eine Kräuterschnecke oder -spirale (→ Seite 40/41). Dabei wird eine schneckenförmige Mauer z. B. aus Naturstein oder Klinker errichtet, mit Erde aufgefüllt und anschließend mit verschiedenen Kräutern bepflanzt. Auf diese Weise passen viele Pflanzen auf engen Raum. Es entstehen sonnige und schattige Flächen dicht nebeneinander, die Kräutern mit unterschiedlichen Vorlieben Platz bieten. Unterschiedlichen Bodenansprüchen werden Sie mit der Spirale ebenfalls gerecht, da Sie die Schnecke mit verschiedenen Bodenarten füllen können. Eine bewachsene Kräuterschnecke ist deshalb auch meistens ein blühendes und duftendes Gebilde voller wüchsiger, gesunder und kraftstrotzender Pflanzen.
Die Grundfläche für eine Kräuterschnecke sollte mindestens 1,5 x 1,5 m betragen. Wenn Sie bei einer großen Kräuterschnecke ab ca. 8 m^2 am unteren Ende noch eine kleine Feuchtzone oder einen Mini-Teich in Form eines eingegrabenen Bottichs anlegen, können Sie sogar Sumpf-Kräuter dazu ergänzen.
Überlegen Sie vorab, welches Material gut in Ihren Garten passt bzw. welche Steine sich leicht und günstig beschaffen lassen. Eine gute Quelle sind Steinbrüche, Ziegeleien oder der Baustoffhandel.

Auf der Wildkräuterwiese blühen Kräuter anstelle von Einheitsrasen.

Aus Steinen und Kräutern lassen sich aber noch weitere attraktive Garten-Ideen zaubern. Wenn Sie die Steine lose, d. h. ohne Mörtel, zu einer 0,5–1 m hohen Mauer auftürmen, entsteht eine Trockenmauer (→ Seite 42/43), aus deren Fugen und Ritzen duftende Kräuter sprießen. Diese befestigt z. B. Gärten in Hanglage oder Böschungen und ebnet die darüberliegende Fläche ein. Oder die Trockenmauern grenzen frei stehend mit wildromantischem Charme verschiedene Gartenbereiche voneinander ab oder dienen als »steinerner Zaun«. Sie können gerade oder gewunden verlaufen, mal höher und mal niedriger.

Terrassen im Kräuterrausch

Gartengrundstücke in kompletter Hanglage können Sie mit mehreren versetzten Mauern ebnen. Idealerweise werden hier Terrassen in mehreren Etagen angelegt, um eine ebene und gut bepflanzbare Beetflächen zu schaffen. Das macht etwas Mühe, doch der entstandene Garten ist meist ein exklusives Kleinod. Besonders für südexponierte Terrassenbeete sind Kräuter die idealen Bewohner (→ Seite 42/43).

Eine bunte Kräuterwiese

In einen naturnahen Garten fügt sich eine Kräuterwiese (→ Seite 45) harmonisch ein. Eine normale Rasenfläche können Sie durch Umfräsen und Einsaat einer speziellen Wildkräutermischung, die Sie im Fachhandel erhalten, leicht zur Kräuterwiese umgestalten. Diese eignet sich allerdings nicht als Spiel- oder Liegewiese. Auch einzelne Partien in einer bestehenden Rasenfläche lassen sich in ein Kräuterparadies verwandeln, indem sie beim regelmäßigen Rasenschnitt ausgespart werden. Vor allem in wenig genutzten Gartenecken, die selten begangen werden, finden Wildkräuter ein ideales, ungestörtes Plätzchen.

Duft auf Schritt und Tritt

Ein Duftweg aus Thymian oder Römischer Kamille bietet Ihnen einen duftenden Empfang im Garten. Lassen Sie zwischen den Trittplatten Ihrer Gartenwege blühende und duftende Kräuterpolster wachsen, indem Sie bei der Neuanlage von Wegen gleich flach wachsende Kräuter in die Fugen zwischen den Pflastersteinen setzen (→ Seite 44/45). Sind die Fugen groß genug, können Sie auch vorhandene Wege nachträglich duften lassen und die Pflanzen dort einsetzen. Besonders an sonnigen Plätzen entfalten diese Duftkissen ihre wohlriechende Wirkung, wenn Sie darüberlaufen.

Nehmen Sie Platz

So genannte Duftbänke, wie in den Gärten der Barockzeit, bieten in ihren schalenförmig eingetieften Sitzflächen Platz für flache, polsterartige Kräuter (→ Seite 45). Eine solche Duftbank können Sie aus Holz vom Baumarkt auch selbst bauen.

Tipp

ALLES WIE AUS EINEM GUSS

Verwenden Sie beim Bau von Wegen, Mauern, Terrassen und ähnlichen Gartenelementen möglichst einheitliches Material anstelle von buntem Materialmix. Wiederholen sich die Farben, Strukturen und Maserungen z. B. bei Terrassenbelag, Gartenwegen und Beeteinfassungen, erweckt das einen harmonischen Gesamteindruck.

Kräuter auf Balkonien

Balkon und Terrasse sind wie geschaffen für Kräuter: Die Nähe zur Küche ist praktisch, und mit cleveren Tricks bringt man viele Pflanzen unter, die den Zierpflanzen an Attraktivität in nichts nachstehen.

Im Topfgarten fühlen sich viele Kräuter wohl. Ein bunter Kräutermix reiht sich Topf an Topf oder schmückt zusammengepflanzt Kästen und Schalen. Er ergänzt auf der Terrasse üppige Sommerblumen und prachtvolle Kübelpflanzen. Auf engem Raum bringen Sie, entsprechend angeordnet, eine ganze Menge Pflanzen unter. Kräuter von kriechendem oder herabhängendem Wuchs sind ebenfalls ideale Topfkandidaten: In Hängeampeln und flachen Schalen gedeihen sie prächtig. Schwebt Ihnen ein »Miniatur«-Kräutergarten in Töpfen und Kästen am Fensterbrett vor, wählen Sie bevorzugt klein bleibende Pflanzen.

In einer raffinierten Kräuterkaskade wächst Kräuterfülle auf engem Raum.

Der Kräuter-Topfgarten

Bevor Sie sich für einen Topfgarten entscheiden und im nächsten Gartencenter auf Einkaufstour gehen, überlegen Sie sich, wieviel Platz Sie den Kräutern zur Verfügung stellen können. Mit z. B. hoch aufragenden Etageren schaffen Sie auch bei wenig Raum Platz für viele Kräuter, die dann übereinander in Töpfen stehen. Eine weitere Möglichkeit, Kräuter auf Balkon und Terrasse zu halten, sind Kräuterkaskaden in mehreren, übereinander gestapelten Töpfen, die nach oben hin immer kleiner im Durchmesser werden. Im Handel erhalten Sie außerdem vorgefertigte Kräutertöpfe mit seitlichen Taschen, in die Sie kleinere Kräuter wie Thymian pflanzen können. Aber auch in Balkonkästen am Geländer oder in einzelnen Töpfen auf dem Boden fühlen sich die Kräuter wohl. Niedriger Oregano, Tripmadam, Kapuzinerkresse oder Hänge-Rosmarin eignen sich bestens als Ampelpflanzen. Stimmen Sie das entsprechende Substrat und das Licht auf die Bedürfnisse Ihrer Lieblingskräuter ab. Das Lichtangebot für die Neuzugänge beziehen Sie unbedingt in Ihre planerischen Überlegungen mit ein. Schattenliebende Kräuter fühlen sich auf einem Südbalkon nicht wohl, und auch andersherum werden Ihre Bemühungen nicht von Erfolg gekrönt sein. Sind diese Fragen geklärt, suchen Sie nach der besten Ecke für Ihr Kräuterensemble.

Ideale Topfkräuter

Für den Topfgarten kommen all die Kräuter in Frage, die bei dem eingeschränkten Wurzelraum trotzdem gut gedeihen. Dazu gehören die meisten einjährigen Kräuter wie Basilikum oder solche, die frostfrei überwintert werden müssen, z. B. Rosmarin oder Zitronenverbene. Mehrjährige Kräuter wie Lavendel, Zitronenmelisse oder Currykraut fühlen sich ebenfalls im Topfgarten wohl. Bieten Sie Ihnen ausreichend große Töpfe, da die Wurzeln mit dem vorhandenen Substrat, z. B. mit bereits fertig gemischter Kräutererde aus dem

Fachhandel, auskommen müssen und sich nur im Rahmen des Topfes ausbreiten können. Da Reserven schnell verbraucht sind, kontrollieren Sie regelmäßig, ob das Substrat feucht genug ist oder ob Sie gießen müssen (→ Seite 62/63). Ein Nährstoffmangel macht sich ebenfalls schneller bemerkbar als im Beet. Im Handel erhalten Sie Mehrnährstoffdünger oder spezielle Kräuterdünger, die Ihren Pflanzen dauerhaft zu üppigem Wuchs verhelfen.

Topfparade

Töpfe, Kübel, Kästen und Schalen finden Sie im Fachhandel in einer breiten Fülle. Hängekörbe gibt es aus Draht, Kunststoff, Weidengeflecht, Kokosfasern oder Keramik. Farbe und Stil können Sie auf Ihre Terrassenmöbel und Ihre Vorlieben abstimmen. Wichtig bei allen Gefäßen ist, dass sie ein Wasserabzugsloch haben, damit die Wurzeln der Kräuter nicht im Wasser stehen. Abgesehen von den im Gartencenter erhältlichen Behältnissen bieten sich auch ausrangierte Olivenölkanister oder andere Gefäße als originelle Heimat für Kräuter an. Allerdings brauchen die Pflanzen auch hier ein Abzugsloch. Da das Metall korrodiert und Rost auf Wurzeln schädlich wirkt, legen Sie die Kanister mit Plastikfolie aus. Stechen Sie am Boden Löcher hinein, damit auch hier das Wasser abläuft. In die Folie füllen Sie dann das Substrat und anschließend die Kräuter ein.

Harmonisches Miteinander

Das Zusammenspiel von Gefäßen und Pflanzen gibt Ihrem Kräutertopfgarten das individuelle Gesicht. Fans des südländischen Stils greifen auf mediterrane Pflanzen wie Rosmarin oder Lavendel in Terrakottatöpfen zurück. Mit farbig lasierten Gefäßen erzielen Sie im Zusammenspiel mit den Blüten schöne Effekte, wenn Sie z. B. blau blühende Kräuter in sonnengelbe Keramik pflanzen oder Ton in Ton aufeinander abstimmen. In ländlichen Span- oder Weidenkörben findet eine bunte Kräuterfamilie aus Petersilie, Schnittlauch, Kresse und Kerbel ein schönes, neues Zuhause.

Lassen Sie Ihre Kräuter auf kleinen Balkonen »in die Luft gehen«. Etageren sparen Platz und sehen toll aus!

› FRAGE & ANTWORT

Expertentipps rund um die Planung

Kräuter gehören zu den anspruchsloseren und pflegeleichten Pflanzen für Beete und Töpfe. Dennoch stellen sich im Umgang mit Ihnen immer wieder einige typische Fragen. Standort und Boden müssen auf die Ansprüche abgestimmt sein und die Zusammenstellung soll harmonisch wirken.

? **Ich habe in einem Park eine Fläche mit blühendem Bärlauch gesehen. Kann ich diesen schönen Bodendecker auch unter meine Gartensträucher pflanzen?**

Gerade der leckere Bärlauch lässt sich leicht an halbschattigen, ausreichend feuchten Plätzen im Garten ansiedeln und dann vor Ort bedenkenlos und praktisch ernten. Sie sollten allerdings beachten, dass Bärlauch nach der Blüte einzieht. Das bedeutet, dass die Blätter ab Mai rasch welken, und nach drei bis vier Wochen ist der grüne Blätterteppich verschwunden. Wenn Sie also nach einem dauerhaft bodendeckenden Bewuchs Ausschau halten, ist der Bärlauch nur eine teilweise befriedigende Lösung. Als zuverlässiger Bodendecker sind Waldmeister oder eine niedrige Beinwell-Art empfehlenswert.

? **Für meinen Balkon bin ich noch auf der Suche nach den richtigen Töpfen für meine Kräuter. Sind Tontöpfe oder Plastiktöpfe besser?**

In Tontöpfen herrscht meist ein besseres Mikroklima als in Kunststoffgefäßen. Es besteht nicht die Gefahr einer Vernässung des Wurzelballens, da der unglasierte Ton überschüssiges Wasser nach außen abgeben kann. In Kunststofftöpfen ist das nicht der Fall. Große Pflanzkästen und -kübel aus Kunststoff sind allerdings aufgrund ihres geringen Gewichts viel leichter zu handhaben. Wählen Sie dann aber lieber Gefäße in hellen Farben aus. Schwarze Plastiktöpfe erwärmen sich bei sommerlicher Hitze sehr stark; die Pflanzenwurzeln werden manchmal beinahe »gekocht«! Auch Gefäße aus Keramik, lasiertem Ton, Metall, Steingut, Porzellan oder Holz geben wunderbare Übertöpfe ab – wenn möglich, setzen Sie die Pflanzen nicht direkt dort hinein! Es sei denn, die Töpfe haben ein Wasserabzugsloch, oder Sie haben eine gut funktionierende Drainageschicht aus Tonscherben, Kies, Blähton und Sand mit eingebaut. Vergessen Sie dann aber nicht, vor allem nach einigen Tagen Dauerregen zu überprüfen, ob sich auch wirklich kein Wasser in den Gefäßen sammelt. Sonst ertrinken Ihre Kräuter in ihren schönen Töpfen.

? **Ist es möglich, ein Kräuterhochbeet ähnlich einem Gemüsehochbeet anzulegen, und was muss ich dabei beachten?**

Vor allem für Leute mit Rückenproblemen ist ein Hochbeet mit Kräutern ideal. Ein traditionelles Gemüsehochbeet besteht meist aus einer Holzeinfassung und einem lagenweise aufgeschichteten Unterbau aus Kompost, Laub u. a. Für ein Kräuterbeet empfiehlt sich allerdings eine abgewandelte Form. Auf einer etwa 2 m langen und 1,2 m breiten, ebenen Grundfläche an einem möglichst sonnigen Platz bauen Sie aus Pfosten, Rundhölzern oder

Brettern einen 0,8–1 m hohen Rahmen, den Sie im Inneren mit guter Gartenerde füllen. Die Einfassung kann auch aus Klinker oder Natursteinen aufgesetzt werden. Das ist für ein Kräuterbeet besonders passend, weil dann auch in den Mauerspalten Kräuter wachsen können. Alle Kultur- und Erntearbeiten gehen in diesem höher gelegten Beet leicht und rückenschonend von der Hand, und es sieht auch noch schön aus.

? In unserem Garten ist ein kleiner Teich mit Bachlauf. Gibt es Kräuter, die ich dorthin pflanzen kann?

Kräuter gehören nicht gerade zu den typischen Wasser- oder Teichrandpflanzen. Dennoch gibt es einige Wild- und Heilkräuter, die gerne im Feuchten wachsen und dort meist ebenso üppig und prachtvoll gedeihen wie die anderen typischen Teich- und Uferpflanzen. Verschiedene hoch wachsende Minzearten etwa passen gut neben Schilf und den in leuchtendem Rosa blühenden Blutweiderich. Baldrian, Mädesüß und Beinwell sorgen für einen blühenden und duftenden Hintergrund, während der Frauenmantel mit kompakten Blatthorsten und gelbgrünen Blütenwolken die Teichbepflanzung zum Weg oder Rasen hin abschließt. Kalmus bringt als Sorte mit weiß-grün gestreiften Blättern ebenfalls interessante Farbtupfer in die Pflanzengesellschaft am Teich. Brunnenkresse, ins flache, aber klare Wasser gesetzt, kann laufend für würzige Salate und Soßen geerntet werden.

? Wir haben einen großen Obstgarten mit Beerensträuchern und Obstbäumen. Kann ich dort auch Kräuter pflanzen, und wenn ja, welche?

Sie können die Baumscheiben der Obstbäume mit verschiedenen Kräutern bepflanzen. Die Baumscheibe ist die kreisförmige Fläche rund um den Stamm mit ca. 2 m Durchmesser. Dorthin setzen Sie Ringelblumen oder Kapuzinerkresse. Sind die Bäume bereits größer und haben ein dichtes Blätterdach, versuchen Sie es statt mit Blütenkräutern besser mit Meerrettich, der mit weniger Licht auskommt. Zwischen Schwarze Johannisbeeren setzen Sie Beifuß. Er hält die Johannisbeergallmilbe, einen Schädling, von den Sträuchern fern. Im am Boden schattigen Obstgarten fühlt sich Bärlauch als bodendeckende Frühjahrsbepflanzung wohl. Im Sommer, zur Obsterntezeit, sind die Pflanzen längst wieder eingezogen und verschwunden. Zwischen Reihen verschiedener Beerensträucher setzen Sie Beinwell und Süßdolde. Gehört zu Ihrem Obstgarten auch eine Fläche mit Erdbeeren, sorgt Knoblauch zwischen den Pflänzchen für eine gute Abwehr von schädlichen Pilzkrankheiten.

? Mein Balkon steht bereits voll mit Kräutertöpfen und anderem. Gibt es eine originelle Möglichkeit, wie ich trotzdem noch zusätzliche Kräuter unterbringen kann?

Auch auf dem allerkleinsten Balkon und in jeder noch so kleinen Ecke ist Platz für Kräuter. Werden diese in eine Kräuterkaskade aus mehreren Töpfen verschiedener Größe gepflanzt, schafft das ganz nebenbei auch noch einen dekorativen Blickfang (→ Abb. Seite 22). Außerdem bringen Sie auf diese Art eine Menge unterschiedlicher Kräuter unter. Und so wird's gemacht:

- Sie brauchen fünf oder sechs unglasierte Tontöpfe. Der kleinste sollte einen Durchmesser von 8–9 cm haben, die nächsten jeweils ca. 2–3 cm größer.
- Füllen Sie den größten Topf zuerst mit einigen Tonscherben als Drainage und dann etwa zur Hälfte mit Erde.
- Stellen Sie einen kleineren Topf dann so in diesen hinein, dass an der vorderen Seite ein breiter Rand zum Bepflanzen bleibt. Der obere Rand sollte ca. 2–3 cm über den Rand des größeren Topfes hinausragen.
- Der so entstehende Zwischenraum wird nun etwa zur Hälfte mit Erde aufgefüllt, damit der innere Topf sicher und fest steht. Nach oben hin wird jedoch noch Platz zum späteren Bepflanzen des Zwischenraums gelassen.
- Die beschriebenen Schritte werden nun so lange wiederholt, bis alle Töpfe ineinander sitzen.
- Diese nur locker mit Erde gefüllten Zwischenräume in den Töpfen bepflanzen Sie jetzt mit Kräutern.
- Herabhängende Pflanzen passen besonders gut in die unteren Etagen der Kräuter-Kaskade.
- In den obersten und kleinsten Topf, in dem die meiste Fläche zum Bepflanzen zur Verfügung steht, setzen Sie eine aufrecht wachsende Pflanze.

2

Garten-praxis

So verwirklichen Sie Ihren Kräutertraum

Im Frühjahr und im Herbst hat die Gartenarbeit Hochsaison. Jetzt ist die beste Zeit, Kräuter zu pflanzen und Beete neu anzulegen oder umzugestalten. Mit den richtigen Tipps und Tricks nehmen Ihr Kräuterbeet oder der Topfgarten schnell Gestalt an und halten dauerhaft Einzug in Ihr grünes Reich.

Das zeitige Frühjahr (März/April), wenn die ersten warmen Tage wieder Lust auf Gartenarbeit machen und der Boden nach dem Winter einigermaßen abgetrocknet ist, ist der ideale Zeitpunkt, ein Kräuterbeet oder eine größere Pflanzung mit Kräutern neu anzulegen. Anschließend können die passenden Kräuter auch gleich gepflanzt werden.

Packen Sie es an

Der Handel bietet gerade um diese Jahreszeit eine reiche Fülle aus dem Kräutersortiment. Wer eher im Herbst seinen gärtnerischen Tatendrang entdeckt, kann auch dann noch zu Spaten und Schaufel greifen: Ab Mitte/Ende September, wenn die größte Sommerhitze vorüber ist, kann man ebenfalls mit einer Neuanlage im Garten beginnen. Solange der Boden noch nicht gefroren ist, können Sie bis weit in den Spätherbst hinein Beete anlegen, Trockenmauern aufsetzen und Kräuterspiralen bauen. Erfolgt die Anlage jedoch recht spät im Jahr, ist es ratsam, die Kräuter erst im darauf folgenden Frühjahr einzusetzen.

Gut vorbereiten

Soll es nur ein einzelnes Beet sein, das im Zier- oder Gemüsegarten speziell für die Kräuter angelegt wird? Dann brauchen Sie außer den üblichen Gartenwerkzeugen kaum spezielles Material. Bereiten Sie den Boden für die Kräuter optimal vor, damit sie gut anwachsen und schnell frische Wurzeln bilden. Planen Sie eine aufwendige Anlage für Ihre Kräuter, wie eine Kräuterspirale, eine Kräutertrockenmauer oder sogar einen Duftweg, dann denken Sie frühzeitig daran, geeignetes Material in ausreichender Menge zur Verfügung zu haben. Natursteine, Platten, Kies und Sand kann man im Baustoffhandel oder Kieswerk kaufen oder teilweise selbst sammeln. Steht ein größeres »Kräuter-Garten-Projekt« an, halten Sie schon in den Monaten davor die Augen nach ausgefallenen Gartenmaterialien offen.

Auf einer gut eingewachsenen Kräuterschnecke quillt eine Fülle blühender Kräuter aus jeder Nische und Spalte hervor.

SÄMLINGE ZIEHEN

1 Aussaatschale: geeignet zur Anzucht kleinsamiger Kräuter

2 Jiffy-Pots: aus Zellulose oder Torf, zur Aussaat größerer Samen oder zum Pikieren von Sämlingen

3 Aussaaterde: besonders hochwertiges Substrat zur Anzucht

4 Zerstäuber: Sprühnebel sorgt für gleichmäßige Bewässerung

5 Pikierstäbchen: erleichtert das Vereinzeln der Sämlinge

6 Tontöpfe: zum Pikieren von Jungpflanzen

Nützliche Helfer für den Anbau

KRÄUTER EINPFLANZEN

1 Töpfe, Schalen und Kästen: Gefäße aus Ton vor dem Bepflanzen am besten wässern

2 Drainage: Blähton und Tonscherben verhindern Staunässe im Kräutertopf

3 Pflanzschaufel: erleichtert das Versetzen von Kräutern und das Bepflanzen von Gefäßen

4 Pflanzerde: gutes Markensubstrat speichert Wasser, enthält Nährstoffe, ist durchlässig und sollte torffrei sein

5 Etiketten: schönes Accessoire für Beet und Topf

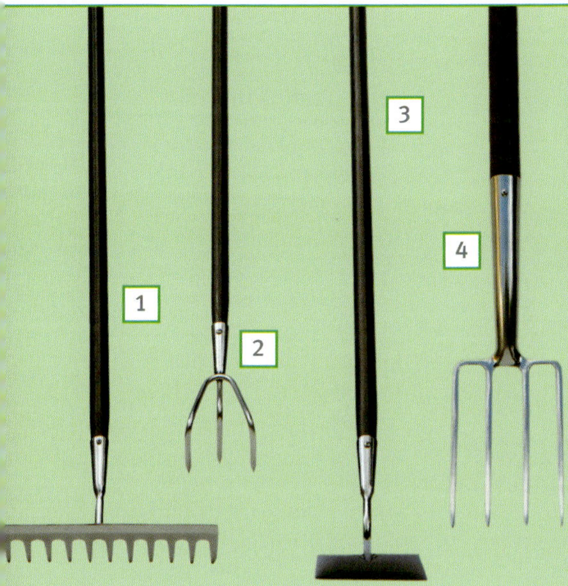

BODEN BEARBEITEN

1 Rechen: durchpflügt, lockert und glättet den Boden bei der Vorbereitung eines Beetes

2 Grubber: erlaubt vorsichtiges Lockern des Bodens im Pflanzenbestand und entfernt unerwünschte »Unkräuter«

3 Hacke: dient zum Umarbeiten und Lockern des Bodens sowie zum groben Jäten

4 Grabegabel: zum Umarbeiten und spatentiefen Lockern bei der Anlage eines Beetes sowie zum schonenden Versetzen von Pflanzen

Ob Spaten, Pflanzschaufel oder Kräuterschere – sie alle gehören zur Grundausstattung. Mit dem richtigen Werkzeug und Zubehör gelingen Anlage und Pflege des Kräutergartens wie von selbst.

KRÄUTER SCHNEIDEN

1 Kräuterschere (rechts) und Allzweckschere (Mitte): zum Ernten und Stutzen frischer Triebe

2 Gartenschere: vielseitig einsetzbar vom Rückschnitt bis zum Formschnitt, so genannte Bypass-Scheren erlauben saubere Schnitte, weil die Klinge am Amboss vorbeiläuft

EIN GUTER SPATEN...

... ist beim Umgraben, Teilen großer Wurzelstöcke sowie Ein- und Verpflanzen größerer Kräuterexemplare ein unverzichtbarer Helfer. Am besten ist ein Spatenblatt aus Edelstahl, weil das Material pflegeleicht ist und nicht verschleißt. Das Spatenblatt muss rechteckig und gut geschliffen sein. Im Handel sind auch leichte »Damenspaten« erhältlich, die aus Titan gefertigt sind.

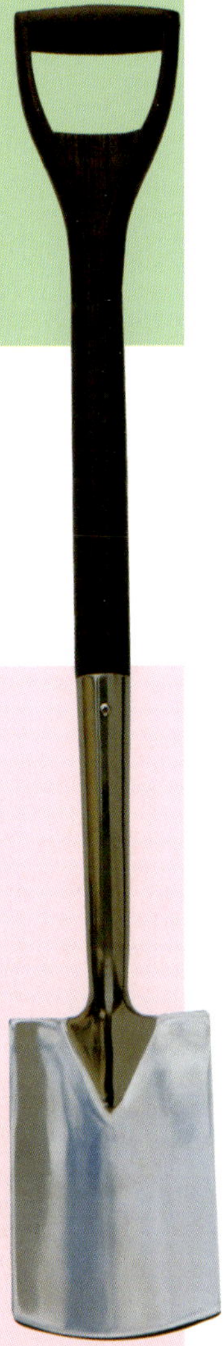

Den Boden für Kräuter fit machen

Brauchen Kräuter einen bestimmten Boden? Welcher Boden eignet sich für welche Kräuter? Die Frage nach dem Boden ist wichtig für den Erfolg Ihrer gärtnerischen Bemühungen. Machen Sie den »Bodentest«.

Das A und O allen Pflanzenwachstums im Garten ist der Boden. Die meisten Gartenböden sind ein Gemisch aus lehmigen, tonigen und sandigen Anteilen. Abhängig von der jeweils vorherrschenden Komponente im Boden lässt er sich schwer oder leicht bearbeiten, muss viel oder wenig gegossen und gedüngt werden.

Boden beurteilen

Für eine grobe Einschätzung, welchen Boden Sie in Ihrem Garten haben, genügt ein schnell und einfach durchzuführender Bodentest: Nehmen Sie eine Hand voll leicht feuchter Gartenerde und drücken Sie sie etwas zusammen. Fällt die Erde leicht auseinander, haben Sie einen sandreichen Boden. Einen gut strukturierten Gartenboden erkennen Sie daran, dass er locker zusammenhält und nicht auseinander fällt, aber auch keine harte Kugel bildet. Boden mit einem sehr hohen Lehm- oder Tonanteil lässt sich gut zu einer Wurst formen.

Welcher Boden für welche Kräuter?

Ihren Boden können Sie bei Bedarf an die Bedürfnisse der Kräuter anpassen und entsprechend vorbereiten.

- **Sandreiche Böden:** Böden mit einem hohen Sandanteil sind ideal für eine Vielzahl von Kräutern wie Beifuß, Berg-Bohnenkraut, Heiligenkraut, Kamille, Salbei, Schafgarbe, Thymian und Wermut. Sie sind locker, durchlässig, lassen sich gut bearbeiten, erwärmen sich schnell und müssen kaum umgegraben werden (→ Abb. 1). Allerdings haben sie keine hohe Wasserspeicherfähigkeit, und auch Dünger bzw. Nährstoffe werden in diesen Böden oft schnell wieder ausgewaschen. Sie sind daher mager bzw. nährstoffarm, warm und trocken. Damit auch andere Kräuter hier gedeihen, fügen Sie ca. alle zwei bis drei Monate Humus und einmal pro Jahr Kalk (ca. 50 mg Kalkmergel pro m^2) zu. Das Austrocknen im Sommer verhindert eine Mulchabdeckung aus gehäckseltem Stroh oder Heu.
- **Lehmreiche Böden:** Auf dieser idealen Gartenerde wachsen viele Kräuter problemlos, z. B. Basilikum, Dill, Kerbel, Estragon, Liebstöckel, Pfefferminze und Pimpinelle. Lehmreiche Böden sind nährstoffreich, leicht feucht, mittelschwer und können durch ihren Lehmanteil Wasser gut

Tipp

DIE SCHLÄMMPROBE

Geben Sie etwas Erde in ein Wasser gefülltes Schraubglas, verschließen es und schütteln das Ganze kräftig. Ist der Boden sandreich, klärt sich das Wasser schnell, der Sand sinkt bereits nach wenigen Minuten ab. Bei stark tonhaltigem Boden schweben feine Tonteilchen im Wasser. Je dunkler das Wasser ist, desto mehr Humus enthält der Boden.

1

ndiger Boden
sst sich in Ihrer Hand die Erde
ht formen, sondern fällt beim
eten sogleich wieder krümelig,
ker auseinander, haben Sie
en sandigen, durchlässigen
rtenboden.

2

Humoser Boden
Einen humosen, gut strukturierten Gartenboden erkennen Sie daran, dass Sie in Ihrer Hand daraus leicht eine lockere Kugel formen können, die nicht wieder auseinander fällt.

3

Lehm- und Tonboden
Boden mit einem hohen Lehm- und Tonanteil können Sie mit beiden Händen zu einer fest zusammen hängenden Wurst formen, die sich nur schwer wieder zerkrümeln lässt.

speichern (→ Abb. 3). Diese Böden erwärmen sich noch relativ leicht, brauchen nach längeren Regenperioden oder feuchten Wintern jedoch länger, bis sie abtrocknen und sich gut bearbeiten lassen. Graben Sie den Boden alle 2–3 Jahre um. Erhalten Sie die schon vorhandene gute Krümelstruktur, indem Sie regelmäßig Kompost beimischen und mulchen, z. B. mit gehäckselten Gartenabfällen oder Stroh (→ Seite 64/65).

- **Tonreiche Böden:** Ein Boden mit einem hohen Anteil an Ton ist ohne eine vorangegangene Bodenverbesserung kaum für Kräuter zu empfehlen. Nur Beinwell oder Meerrettich nehmen es auch mit einem solchen Standort auf. Böden mit hohem Tonanteil sind feucht oder nass, im ungünstigsten Fall entsteht Staunässe, sie sind schwer und nährstoffreich (→ Abb. 3). Sie trocknen im Frühjahr nur langsam ab, und es dauert lange, bis man sie gut bearbeiten kann. Sie erwärmen sich langsam und sind für die Pflanzenwurzeln oft schwer zu durchdringen. Sollen hier auch andere Kräuter gedeihen, mischen Sie Sand und kiesig-steiniges Material vor der Pflanzung unter, damit der Boden wieder leichter und durchlässiger wird. Arbeiten Sie zusätzlich regelmäßig im Frühsommer Steinmehl und verrotteten Kompost ein und graben Sie im Herbst um. Die Winterkälte lockert die feste Bodenstruktur. Durch diese so genannte »Frostgare« kann ein feinkrümeligerer, für Kräuter geeigneter Boden entstehen.

Der pH-Wert

Die Maßeinheit für den Säuregrad des Bodens ist der pH-Wert. Die Einteilung erfolgt auf einer Skala von 0 (stark sauer) bis 14 (stark alkalisch). Ein Großteil der Kräuter bevorzugt einen kalkhaltigen Boden mit einem pH-Wert um 7. Durch gelegentliche Gaben von kohlensaurem Kalk kann man einen für diese Pflanzen zu niedrigen pH-Wert anheben. 30 g pro 100 m^2 erhöhen den pH-Wert um eine Einheit, also z. B. von 5 auf 6. Einen zu hohen pH-Wert senken Sie mit Ammoniumdünger. Mit Bodenstäbchen stellen Sie den pH-Wert fest.

› PRAXIS

Ein Kräuterbeet im Garten anlegen

Schritt für Schritt kommen Sie Ihrem Kräutergärtlein näher. Ein optimal und sorgfältig vorbereitetes Beet sorgt für ideale Startbedingungen und ist die beste Anwachsgarantie.

Ein Kräuterbeet bereichert den Garten mit seinen duftenden und aromatischen Pflanzen. Vor dem Pflanzen steht die Vorbereitung des Beetes, das das neue Zuhause für eine möglichst vielseitige Kräuterpracht werden soll.

Ein Platz für Kräuter

Eine bestehende Beetfläche im Gemüse- oder Ziergarten in ein Kräuterparadies umzuwandeln, bietet sich in bereits eingewachsenen Gärten an. Aber auch in neuen, noch brachliegenden Gärten können Sie ein Kräuterbeet mit einplanen. Bei einer Neuanlage ist es sinnvoll, die Fläche erst einmal grob aufzulockern, da diese Böden durch Bautätigkeiten stark verfestigt sind (→ Seite 46). Graben Sie den Boden dazu möglichst tief um und arbeiten Sie bei schwerem Boden gleich Kies oder anderes lockerndes Material mit ein (→ Seite 32/33). Ein Wiesen- oder Rasenstück kann ebenfalls zur neuen Heimat für Kräuter werden. Dafür müssen zuerst die Grassoden abgestochen, entfernt und die Fläche anschließend umgegraben bzw. gefräst werden. Fräsen können Sie im Fachhandel gegen eine geringe Gebühr ausleihen. Wurzelunkräuter wie Quecke oder Giersch sollten penibel aussortiert oder besser durch einen großzügigen Bodenaustausch restlos entfernt werden.

Ein Beet entsteht

Die Größe des Beetes hängt davon ab, wieviel Platz Sie im Garten haben. Für eine bessere Übersicht hilft ein Plan. In diesen zeichnen Sie maßstabgetreu, z. B. im Maßstab 1:100 (1 cm auf dem Plan entspricht 1 m im Garten), Ihren Garten mit Wegen, vorhandenen Beeten, Bäumen etc. ein. Anschließend planen Sie den Platz für Ihr Kräuterbeet. In großen Bee-

1

Flächen mit Schnur markieren
Mit einer Schnur und mehreren Holz- oder Metallpflöcken markieren Sie die Flächen für Beete und Wege und prüfen alle Maße gegebenenfalls nochmals anhand Ihres Planes nach.

2

Ränder abstechen
Entlang der gespannten Schnur stechen Sie mit dem Spaten die Beetbegrenzung ab. Die Erde werfen Sie in die Beetmitte und arbeiten sie später mit ein.

ten, wo Sie die Mitte vom Rand aus nicht mehr erreichen, planen Sie Wege mit ein, die Sie zur Pflanzung und bei anschließenden Pflegegängen betreten können (→ Abb. 4+5). Ob Sie ein rundes oder eckiges Kräuterbeet bevorzugen, hängt ganz von Ihren persönlichen Vorlieben ab. Auf alle Fälle helfen Schnüre, an kleinen Holzstäben festgebunden, die die Beetbegrenzung markieren, das Beet sauber abzustechen (→ Abb. 1+2). Bei runden Formen kennzeichnen Sie die Beetmitte mit einem Stab, machen die Schnur so lang wie der Radius des Beetes ist und zeichnen mit einem weiteren Holzstab, ähnlich wie mit einem Zirkel, eine deutlich sichtbare Markierung in den Boden. Ein paar verteilte weitere Stäbe an dieser Grenze helfen bei der Orientierung, wenn Sie die Kanten mit dem Spaten abstechen.

Zum ersten Umgraben des Bodens benützen Sie einen Spaten (→ Abb. 3). Mit einem Grubber lockern Sie die Schollen auf, bis eine krümelige Bodenstruktur entsteht. Je nach Bodenart arbeiten Sie mit Hilfe des Spatens auch gleich Bodenverbesserer mit ein (→ Seite 32/33). Danach ebnen Sie die Fläche zusammen mit zuvor ausgebrachtem organischem Mehrnährstoffdünger, z. B. Hornspänen, mit dem Rechen ein (→ Abb. 5). Der organische Dünger versorgt die Pflanzen mit den nötigen Nährstoffen zum An- und Weiterwachsen.

EIN BEET VORBEREITEN

J	F	M	A	M	J	J	A	S	O	N	D

Zeitbedarf:

- 1/2 bis 1 Tag

Material:

- als Wegbelag: Bretter
- zur Bodenverbesserung: organischer Dünger, Kompost, Sand, Kies etc.

Werkzeug, Zubehör:

- Schnur, Hammer und Holz-/Metallpflöcke
- Spaten, Grubber, Grabegabel, Rechen
- Schubkarre

3

Boden gut auflockern
Entfernen Sie die Grassode in der Beetmitte oder graben Sie diese mit um. Im Anschluss zerkleinern Sie die Schollen mit einem Grubber so lange, bis der Boden locker und krümelig ist.

4

Boden verbessern
In den gelockerten Boden kann jetzt mit Hilfe der Grabegabel oder eines Grubbers verschiedenes Material zur Bodenverbesserung wie Sand, Lehm oder Kompost eingearbeitet werden.

5

Beet glatt ziehen
Anschließend bringen Sie organischen Dünger im Beet aus und arbeiten diesen mit einem Rechen leicht, wenige Zentimeter tief, in den Boden ein, während Sie diesen glatt ziehen.

Auf gute Nachbarschaft mit Gemüse, Stauden & Co

Viele Kräuter lassen sich ausgezeichnet in bestehende Stauden- oder Gemüsebeete integrieren. Pflanzen mit ähnlichen Standort- und Pflegeansprüchen wachsen gut nebeneinander.

Sonnengelbe, üppig wuchernde Ringelblumen sind attraktive Nachbarn zu blaugrünem Porree.

Kräuter und andere Gartenpflanzen bilden in Beeten ein buntes Miteinander. Sie ergänzen sich optisch und begünstigen sich in manchen Fällen sogar gegenseitig.

Kräuter-Gäste im Gemüsegarten

Zwischen Tomaten, Salat und Karrotten bringen Kräuter Abwechslung ins Gemüsebeet. An sonnigen Plätzen gesellen sich wärmeliebende, mediterrane Kräuter dazu, bei etwas schattigeren Standorten Zitronenmelisse, Pfefferminze, Liebstöckel, Pimpinelle, Sauerampfer, Koriander und Winterportulak. Einjährige Kräuter setzen oder säen Sie direkt zwischen das Gemüse, weil diese Pflanzen auch nur eine Gartensaison lang wachsen und geerntet werden. Mehrjährige Kräuter finden leichter am Rand der Gemüsebeete Platz, denn sonst werden ihre Wurzeln jedesmal empfindlich gestört, wenn das Gemüse abgeerntet wird und die Beete umgegraben und neu bepflanzt werden. Auch sollten Sie für Kräuter wie Lavendel, Salbei oder Estragon ausreichend Platz vorsehen, damit sie sich im Laufe der Jahre zu ihrer arttypischen Größe entwickeln können (→ Porträts).

Gesunde Mischung

Auf Kräuter-Gemüse-Beeten sorgt Mischkultur für ein gelungenes Miteinander. Dieses Prinzip hat sich der biologische Pflanzenbau von der Natur abgeschaut. Denn dort wächst keine einzelne Pflanzenart ganz für sich allein, sondern immer im Verein mit verschiedenen Nachbarpflanzen. In einer solchen artenreichen, vielseitigen Pflanzengemeinschaft begünstigen sich verschiedene Pflanzenarten gegenseitig im Hinblick auf Wachstum und Gesundheit. Sie schlagen sogar die Schädlinge der Nachbarpflanze in die Flucht! Bei der Mischkultur mit Kräutern und Gemüse bauen Sie unterschiedliche Arten nebeneinander auf einem Beet oder miteinander in einer Reihe an. Gerade stark aromatisch duftende Kräuter wie Lavendel, Knoblauch oder Bohnenkraut vertreiben durch ihren arteigenen Geruch spezifische Feinde des Nachbarn, »verwirren« die Schädlinge und lenken sie von ihrer Futterpflanze ab. Als idealer Partner vertreibt z. B. Basilikum die Weiße Fliege der Tomaten oder Bohnenkraut die Schwarze Bohnenlaus der Bohnen. Allgemein wachstumsfördernd wirken z. B. Kerbel und Salat aufeinander, ebenso wie Dill und Kohl, Salbei und Bohnen. Günstige Mischkultur-Kombinationen vertreiben nicht nur wechselseitig verschiedene Schädlinge, sondern helfen auch, den vorhandenen Platz auf den Beeten optimal zu nutzen. So beanspruchen z. B. schmale, hohe Dillpflanzen nur wenig Platz, weshalb sie gut zwischen ausladende Kohlgewächse gesetzt werden können. Auch langsam wachsende Gemüsearten und schnell wachsende einjährige Kräuter ergänzen sich hervor-

Kaum ein anderer Rosenbegleiter kann es mit dem Lavendel an verschwenderischer Duft- und Blütenfülle aufnehmen.

ragend. Die Kräuter nutzen den nur kurzzeitig vorhandenen Platz mit schnellem Wachstum aus und werden abgeerntet, bevor das Gemüse mehr Raum für sich beansprucht. Säen Sie z. B. grüne Kressestreifen zwischen Porree- oder Selleriepflanzen oder würzige Rauke zwischen Möhren und Salat.

Kräuter und bunte Blumen

Auch ein Beet mit blühenden Sommerblumen kann ein geeignetes Quartier für Kräuter sein. Die meisten Sommerblumen brauchen vollsonnige Standorte, und damit ist auch vielen Kräutern gut gedient. Wählen Sie als Partner zu einjährigen Sommerblumen auch in erster Linie einjährige Kräuter, dann haben Sie beim Abräumen des Beetes im Herbst weniger Mühe. Pflanzen oder säen Sie Kräuter und Sommerblumen am besten gleich zusammen aus. Wenn Sie diese Beete nicht in Form von Streifen anlegen, sondern eher flächig, setzen Sie die Kräuter bevorzugt in die Randbereiche, damit Sie sie jederzeit bequem erreichen und ernten können.

Kräuter im Staudenbeet

Mit vielen Stauden vertragen sich Kräuter ausgesprochen gut, wenn Sie auch in diesem Fall Pflanzen auswählen, die ähnliche Standorte bevorzugen (→ Seite 16/17). Sollen die Kräuter dauerhaft Ihr Staudenbeet bereichern, denken Sie daran, die Kräuter bei Pflegegängen nicht zu vernachlässigen. Pflanzen Sie sie am besten in die Randbereiche, dann können Sie sie auch besser ernten. Achten Sie auf den Platzbedarf von Stauden und Kräutern. Lassen Sie beim Pflanzen so große Abstände, wie die Pflanzen später breit werden, wenn sie eingewachsen sind.

Tipp

PATCHWORK-FAMILIE

Pflanzen Sie Kräuter und Gemüse gleicher Familien (→ Porträts), z. B. Doldenblütler, Lilien- oder Kohlgewächse, nicht im Folgejahr an die gleiche Stelle im Beet, sondern wechseln Sie die Kulturen durch. So wird Ihr Boden gleichmäßig beansprucht und nicht von einer Kultur ausgelaugt. Schädlinge und Krankheiten halten Sie so ebenfalls in Schach.

Kräutergarten mit Format

Wer seinen Kräutergarten nach formalen und geometrischen Gesichtspunkten anlegen möchte, setzt besondere Akzente im Garten. Bei guter Planung lassen sich solche Formen im Großen wie im Kleinen realisieren.

Wollen Sie Ihre Kräuter wie in einem historischen Klostergarten anpflanzen (→ Seite 18/19), dann ist das Entscheidende die Form und die Ausstattung des dafür ausgewählten Gartenplatzes. Am Anfang hierfür steht ein Plan. Zeichnen Sie in ihn Ihren Garten maßstabsgetreu ein und überlegen Sie sich anhand dessen, wo Sie Platz für ein Kräutergärtlein haben. Dann legen Sie fest, wie der zukünftige Platz für die Kräuter angeordnet sein soll. Um eine Vorstellung von der Größe zu bekommen, tragen Sie in den Plan alle gewünschten Beete und Wege ein, ebenso die Pflanzen in der Größe, die sie nach ca. 2–3 Jahren erreicht haben werden.

Grundform des Kräutergartens

Die einfachste Ausführung besteht aus einem Wegkreuz mit vier Beeten. Dazu benötigen Sie eine ebene, rechteckige oder quadratische Grundfläche an einem möglichst sonnigen Standort. Die Mindestgröße beträgt 15 m^2, damit das Beet in vier kleinere unterteilt werden kann und noch genügend Platz für die Pflanzen bietet. Wege sind hier notwendig, um bei Pflege- und Erntegängen bequem an die Pflanzen zu gelangen. Etwas aufwendiger wird die Anlage, wenn Sie in der Mitte des Kräutergartens noch zusätzlich ein quadratisches oder rundes Beet anlegen. Dort ist Platz für eine Skulptur oder einen Brunnen oder für besonders schöne Pflanzen, z. B. ein Rosenstämmchen als Solitär oder blühende Kräuter als Blickfang.

Vom Plan zum fertigen Beet

Haben Sie sich für den Platz des Kräutergartens und seine Form entschieden, gehen Sie genauso vor, wie bei der Anlage eines normalen Beetes.

- Holz- oder Metallstäbe markieren die Eckpunkte (→ Seite 34/35). Zusätzlich markieren Sie noch wichtige Punkte, an denen sich z. B. die Wege kreuzen, falls diese mit eingeplant sind.
- Zwischen den Stäben spannen Sie Schnüre, an denen Sie sich beim Kantenstechen orientieren. Mit auf den Boden gestreutem Sand oder Kalk entlang des Beetverlaufs behelfen Sie sich bei der Orientierung auf runden Flächen.
- Beginnen Sie bei der Anlage mit den Wegen (→ Seite 44/45).

Die Pflanzen ziehen ein

Entlang der Beetränder und Wege pflanzen Sie zuerst die Einfassungspflanzen (→ Seite 54/55), die die geometrische Form unterstreichen. Lavendel, Salbei, Ysop, Heiligenkraut, Currykraut, Eberraute oder Berg-Bohnenkraut sind dafür gut geeignet.
Setzen Sie 15–20 Pflanzen pro laufenden Meter. Rechnen Sie vor dem Kauf der Pflanzen aus, wie viele Sie benötigen, was sich entsprechend an der Länge der Beetgrenze orientiert.
Wege und Einfassungspflanzen geben den Rahmen des Kräutergartens. Jetzt gilt es, das Innere mit duftigen Kräutern zu füllen. Haben Sie in der Beetmitte z. B. ein kleines Rondell eingeplant, unterstreicht ein Solitär, z. B. ein Rosenhochstämmchen, den Charakter.
Pflanzen Sie von innen nach außen. Beginnen Sie also mit dem Solitär in der Mitte und arbeiten Sie sich langsam zu den Rändern vor. Die einzelnen Flächen füllen Sie mit den gewünschten Kräutern. Dekorative Streifen und Muster entstehen z. B. durch die Wahl von Arten mit unterschiedlicher Laubfärbung, wie Purpur-Salbei, Weinraute und Goldthymian. Damit sich die Pflanzstreifen klar voneinander trennen, empfiehlt es sich auch hier, Schnüre

zur Orientierung zu spannen, entlang denen Sie die Kräuter in den Boden setzen. Da die Pflanzen hier keine dichte Hecke bilden sollen, sondern ausreichend Platz zum Wachsen beanspruchen, richtet sich der Pflanzabstand nach ihrer Größe. Ein bis zwei Handspannen Abstand sollten es mindestens sein. Auf diese Weise kommt genügend Licht von allen Seiten an die Triebe, die sich dann gleichmäßig entwickeln.

Symmetrische Beete

Einzelne quadratische oder runde Beete (→ Abb. 1–4), die eventuell nochmals unterteilt sind, können auch in kleinen Gärten realisiert werden.

- Stecken Sie dazu die Grundform ab (→ Seite 34/35). Bei einer Seitenlänge von mehr als 2,5 m planen Sie einen Weg mit ein, der Ihnen die Pflege- und Erntegänge im Beet erleichtert. Das können auch einfache Holzbretter sein oder einzelne Trittplatten.
- Möchten Sie innerhalb der Grundform des Beetes geometrische Formen integrieren, z. B. Kreuze, ein Mittelrondell oder eine Raute, stecken Sie diese ebenfalls ab.
- Sind die Beetbegrenzungen mit dem Spaten abgestochen und das Beetinnere zur Pflanzung vorbereitet (Seite 34/35), können Sie Ihre Lieblingskräuter einpflanzen. Beginnen Sie auch hier mit den Einfassungspflanzen und arbeiten Sie sich anschließend von der Beetmitte nach außen vor.

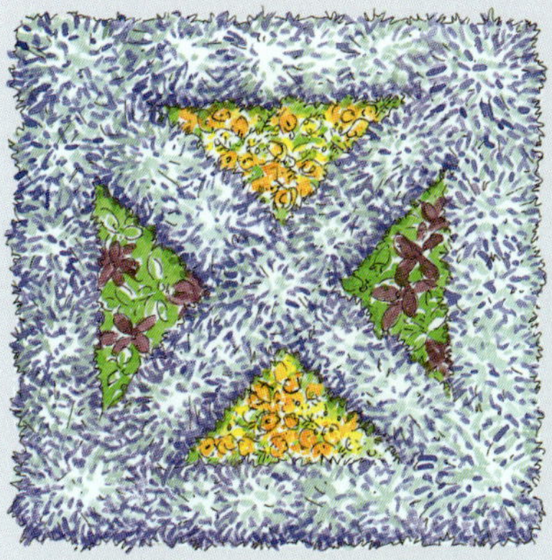

1

Quadrat mit Kreuz
Als Einfassung und für die diagonalen Streifen setzen Sie z. B. Lavendel. In den dreieckig geformten Beeten kontrastieren z. B. orangefarbene und gelbe Gewürztagetes mit grün- und rotlaubigem Basilikum.

2

Beet mit Mittelrondell
In die markante Mitte des Beetes pflanzen Sie auffällig blühende Kräuter, z. B. Ringelblumen. Die einzelnen Randbeete bieten sich für Salbei, Heiligenkraut und Zitronenmelisse an.

3

Raute im Quadrat
Setzen Sie Roten Sonnenhut in die Mitte und unterteilen die Raute (Rand aus Mangold) in vier Flächen mit Dill, Fenchel, Kerbel und Currykraut. Außen setzen Sie Pfefferminze und Majoran.

4

Kräuterkuchen
Unterteilen Sie den Kreis in mehrere Segmente. Dort hinein pflanzen Sie jeweils unterschiedliche Kräuter, z. B. Bohnenkraut, Oregano, Zitronenmelisse, Dill und Thymian.

› PRAXIS

Eine Kräuterspirale bauen

Auf einer Kräuterspirale oder -schnecke bringen Sie viele verschiedene Kräuter auf verhältnismäßig kleiner Fläche unter und zaubern gleichzeitig einen tollen Anziehungspunkt in Ihren Garten.

VIEL KRÄUTER AUF WENIG RAUM

J	F	M	A	M	J	J	A	S	O	N	D

Zeitbedarf:

- 1 bis 2 Tage

Material:

- grober Kies als Unterbau
- Natursteine, Klinker oder frostfeste Ziegel
- Kies, Schotter, Bruchsteine, Sand, Gartenerde, Kompost
- evtl. Kunststoffwanne zum Eingraben

Werkzeug, Zubehör:

- Sand oder Kalk zum Markieren
- Schnur und Holz- oder Metallpflock
- Spaten, Schaufel, Rechen, Schubkarre

In einer Kräuterschnecke fühlen sich viele Kräuter wohl. Sich im Kreis von unten nach oben windend, bietet die Schnecke auch Platz für Pflanzen mit verschiedenen Bedürfnissen. So können Sie z. B. individuell den Boden an die jeweiligen Kräuter anpassen und nach einer Runde den Boden wechseln, um auch anderen Ansprüchen gerecht zu werden.

Es geht rund für Kräuter

Wählen Sie ein mindestens 1,5 x 1,5 m großes, vollsonniges Plätzchen in Ihrem Garten als Standort aus. Befreien Sie gegebenenfalls die Grundfläche von vorhandenem Bewuchs. Auf der Grundfläche markieren Sie mit einem Pflock den Mittelpunkt der Spirale. An diesem wird eine Schnur befestigt, mit deren Hilfe dann ein Kreis von ca. 1,5–2 m Durchmesser gezogen und mit Kalk oder Sand markiert wird. Richten Sie die abfallende Fläche vom höchsten zum tiefsten Punkt nach Süden aus. Damit die aufgebaute Steinmauer im Laufe der Zeit nicht verrutscht oder absinkt, ist es ratsam, einen befestigten Untergrund zu schaffen. Dazu heben Sie den Boden auf der markierten Grundfläche ca. 30 cm tief aus. Füllen Sie dann eine 20–25 cm hohe Schicht groben Kies oder Schotter hinein, verdichten sie und ebnen sie ein. Innerhalb des Kreises »malen« Sie nun mit Sand oder Kalk eine Spirale, ähnlich einem Schneckenhaus, auf den Boden – die Grundform für die spätere Kräuterspirale! Mit ein bis zwei Windungen ergibt sich eine gute, deutlich sichtbare Schneckenform.

Die Schnecke nimmt Gestalt an

Mit dem Aufschichten der Steine beginnen Sie im Inneren der Spirale. Die Mauerhöhe beträgt außen ca. 20 cm, im Innern können Sie die Steine 70–100 cm hoch stapeln. Setzen Sie bei einer trockenen, ohne Mörtel aufgesetzten Mauer die Natursteine sorgfältig aufeinander, da sie wegen ihrer ungleichmäßigen Oberfläche leicht kippen und rutschen. Frostfeste Ziegel lassen sich leichter aufeinander schichten, da sie glatte Oberflächen haben (→ Abb. 1). Gemörtelte Mauern sind zwar stabiler, wirken jedoch etwas strenger und architektonischer. Geben Sie der Mauer eine leichte Neigung nach innen. Die Schnecke erhält so eine bessere

Stabilität und hält dem Druck von Boden und Pflanzen nach außen stand.
Steht das Gerüst aus Steinen, füllen Sie verschiedene Materialschichten in die Spirale ein. Auf ca. drei Viertel der Grundfläche, d. h. überall außer im untersten Ende, kommt bis maximal zur Hälfte der Mauerhöhe eine Drainageschicht (→ Abb. 2). In die innere Spiralenwindung füllen Sie dann ein Gemisch aus magerer Erde, Sand und Kies, den Sie im Baustoffhandel erhalten. Im nach außen folgenden Teil der Kräuterschnecke geben Sie hingegen auf die Kiesschicht humose Gartenerde, z. B. aus einem Erdewerk, die zum Ende hin immer lehmiger und nährstoffreicher, z. B. mit Kompost angereichert, sein darf (→ Abb. 3). Wenn Sie am Fuß der Kräuterschnecke eine Plastikwanne eingraben, finden dort sogar im Wasser wachsende Kräuter wie Brunnenkresse oder Kalmus ein neues Zuhause.

Kräuter einsetzen

Im unteren Bereich mit humoser, noch feuchter Erde wachsen z. B. Waldmeister und Sauerampfer. Nach oben wandernd schließen sich immer trockener werdende Standorte für Pfefferminze und Zitronenmelisse an. Ihnen folgen Schnittlauch, Petersilie, Dill und Pimpinelle bis zu den Wärme und Trockenheit liebenden Sonnenkindern Rosmarin, Salbei, Oregano oder Lavendel am höchsten Punkt.

1

Spiralform aufsetzen
Schichten Sie die frostfesten Ziegel oder Klinker von innen nach außen fugenversetzt in Form einer Spirale auf, sodass die Mauerhöhe nach außen gleichmäßig abnimmt.

2

Drainageschicht einfüllen
Füllen Sie nun eine Lage aus grobem Kies, Schotter und Bruchsteinen als Drainage in die Spirale ein. Sparen Sie das untere Ende für Feuchtigkeit liebende Pflanzen aus.

3

Gartenerde einfüllen
Befüllen Sie die Windungen der Spirale von innen nach außen abschnittsweise mit sandig-kiesiger, humoser und nährstoffreicher Erde – entsprechend den Ansprüchen der Kräuter.

Pflanzen einsetzen
Pflanzen Sie Wärme und Trockenheit liebende Kräuter in die oberen Bereiche. Kräuter, die Feuchtigkeit und nahrhaften Boden bevorzugen, setzen Sie nach unten.

4

› PRAXIS

Ein sonniger Mauerplatz für Kräuter

Einen Platz an der Sonne bieten Sie wärmeliebenden Kräutern in Verbindung mit Steinen. In oder oberhalb einer Trockenmauer finden Sonnenanbeter beste Wuchsbedingungen.

Zwischen den von der Sonne aufgeheizten Steinen finden viele Kräuter optimale Wuchsbedingungen. Wasser fließt schnell ab, und die gespeicherte Wärme der Steine kommt den Pflanzen zugute. Die Blätter entfalten an den von der Sonne verwöhnten Plätzen ein besonders intensives Aroma (→ Seite 20/21).

Eine Trockenmauer anlegen

Am besten richten Sie die Mauer entlang eines nach Süden gerichteten Hanges bzw. in Ost-West-Richtung verlaufend aus, damit alle Pflanzen von der Sonneneinstrahlung profitieren. Bei nicht freistehenden Mauern stützen Sie den Hang mit Brettern gegen Abrutschen ab. Befreien Sie die Grundfläche der geplanten Mauer von vorhandenem Bewuchs und tragen Sie eine möglicherweise vorhandene Grasnarbe ab. Für ein stabilisierendes Kiesbett im Untergrund werden dann ca. 20–30 cm mit dem Spaten ausgehoben und mit grobem Kies oder Schotter aufgefüllt. Je besser Sie diese Schicht verdichten, umso solider fällt am Ende das Fundament Ihrer Mauer aus. Eine Rüttelplatte oder ein Stampfer (→ Abb. 1) leistet dazu gute Dienste. Eine solche Maschine können Sie im Fachhandel ausleihen. Sie wirkt wie ein großer, automatischer Hammer, der mit seinem Gewicht und viel Druck den Untergrund verdichtet. Mit einer Messlatte, die Sie über die Fläche legen, und einer Wasserwaage kontrollieren Sie, ob die Grundfläche auch eben ist. Bei Bedarf füllen Sie Kies nach oder nehmen dort, wo zu viel ist, etwas weg. Auf dem verdichteten und eingeebneten Kiesbett werden nun unregelmäßig geformte oder grob behauene Naturbruchsteine lose, d. h. ohne Mörtel, von unten nach oben zu einer Mauer aufgeschichtet (→ Abb. 2). Achten Sie bei den Steinen darauf, dass sie fest und fugenversetzt aufeinander sitzen, die Ecken und Kanten möglichst zueinander passen und nichts wackelt. Vor allem zuunterst wählen Sie große Steine mit einer relativ geraden Fläche aus, die dem folgenden Aufbau Stabilität geben. Mit Hammer und Meißel schlagen Sie spitze Ecken einfach ab, um eine ebene und stabilere Fläche für den nächsten Stein zu bekommen. Gut gebaute Trockenmauern können bis zu 150 cm hoch sein.

Kräuter mit Ausblick

Streichen Sie etwas Erde in die entstandenen Fugen und Spal-

1

Unterbau verdichten
Als stabilen Untergrund für Ihre Trockenmauer dient eine ca. 25 cm hohe Kiesschicht. Mit Hilfe einer Rüttelplatte oder eines Stampfers verdichten Sie diese.

ten und setzen dort am besten kräftige Jungpflanzen hinein (→ Abb. 4). Eine andere Möglichkeit besteht darin, Kräuter, die sich gut durch Aussaat vermehren lassen (→ Seite 50/51), im Frühjahr direkt in solche Mauerzwischenräume zu säen. Besteht Ihre Mauer vor allem aus flachen Steinen, die nicht viel Platz für zu bepflanzende Zwischenräume lassen, pflanzen Sie die Kräuter bereits beim Bau der Mauer in die Fugen. Entsprechend füllen Sie gleichzeitig etwas Erde hinein, damit die Wurzeln Halt und Nährstoffe zum Anwachsen finden. Am besten gießen Sie die Pflänzchen auch gleich gut an. Dann setzen Sie die Mauerarbeiten fort und fügen an den gewünschten Stellen weitere Kräuter ein. Bis alle Kräuter Fuß in der Mauer gefasst haben, gießen Sie regelmäßig, vor allem an trockenen Tagen. Sobald die Kräuter eingewachsen sind, sich also frische Triebe zeigen, können Sie sie sich selbst überlassen.

Kräuterterrassen

Kräuterterrassen (→ Seite 21) werden nach dem gleichen Prinzip wie eine Trockenmauer errichtet. Sie stützen dahinter liegende Böschungen oder Abhänge und ebnen die Fläche darüber ein. Bei größeren Hanglagen können Sie mehrere Stützmäuerchen in Folge bauen. Die Mäuerchen vor der Terrasse mauern Sie 30–40 cm hoch.

EINE TROCKENMAUER FÜR KRÄUTER

J	F	M	A	M	J	J	A	S	O	N	D

Zeitbedarf:

- 1/2 bis 2 Tage

Material:

- grober Kies als Unterbau
- unbearbeitete oder grob behauene Natursteine

Werkzeug, Zubehör:

- Spaten, Schubkarre, Arbeitshandschuhe
- Rüttelplatte oder Stampfer
- Wasserwaage, Abziehbrett
- Hammer zum Fixieren der Steine

2

Mauer aufsetzen
Schichten Sie lose verschieden geformte Naturbruchsteine fugenversetzt aufeinander. Große Steine legen Sie nach unten, kleinere weiter nach oben. In die Zwischenräume füllen Sie Bruchstücke.

3

Steine mit Hammer fixieren
Mit einem Hammer helfen Sie vorsichtig nach, einzelne Steine fest einzufügen bzw. noch wackelnde Exemplare mit Hilfe kleiner Füll- oder Keilstücken zu fixieren.

4

Fugen bepflanzen
In die Fugen und Spalten der fertig aufgebauten Mauer pflanzen Sie die die Ballen der Kräuter hinein. Geben Sie zusätzlich Erde mit dazu, damit die Wurzeln besser anwachsen.

› PRAXIS

Duft auf Schritt und Tritt

Niedrige, flache Polster bildende Kräuter verströmen dicht am Boden, z. B. eingebaut zwischen Trittplatten, auf einer Duftbank oder in einer Kräuterwiese, ihr Aroma. Viele von ihnen können Sie ohne sie zu schädigen betreten.

Aromatische Wege

Duftende Schwaden werden Sie umgeben, wenn Sie aromatische Duftkräuter gezielt dorthin pflanzen, wo Sie Ihr Weg durch den Garten häufig entlang führt (→ Seite 21). Oder Sie lassen die Kräuter gleich als einen Teil der Gartenwege wachsen. Beim neuen Verlegen der Wege können Sie kleine Polsterpflänzchen direkt mit in die Fugen einpflanzen. Als Belag eignen sich dafür besonders kleinförmige Pflaster, z. B. Klinker

1

Unterbau vorbereiten
Heben Sie für die Wegefläche den Boden ca. 30 cm tief aus und befestigen Sie die Ränder mit Holzbrettern. Ihre Oberkanten markieren die Höhe des Weges. Füllen Sie nun grobes Bruchstein- oder Kiesmaterial auf.

2

Trittsteine verlegen
Auf den verfestigten Untergrund kommt eine ca. 2 cm hohe Sandschicht. Mit einem Brett ziehen Sie diese eben. Verlegen Sie die Steine und klopfen Sie sie mit einem Gummihammer fest. Eine Wasserwaage kontrolliert die Ebene.

3

Pflanzen einsetzen
Verfüllen Sie die Fugen zwische den Steinen mit grobem Sand und etwas Erde. Stellenweise kratzen Sie dann mit einem Mes ser die Fugenverfüllung wieder etwas heraus und setzen dort kleine Polsterpflänzchen hinein

oder kleine Natursteine, die mit ihren vielen Fugen Platz für viele Kräuter schaffen. Je größer Sie die Fugen beim Verlegen lassen, desto mehr Platz bleibt für die duftende Pracht zu Ihren Füßen (→ Abb. 2).

Trittfeste Kräuter

Flach wachsende Polsterkräuter wie Thymian, Römische Kamille und Teppichminze reagieren keineswegs »betreten«, wenn sie direkt zwischen Trittplatten wachsen. Am besten pflanzen Sie die Kräuter gleich beim Bau der Wege (→ Abb. 3) oder säen Sie sie im Frühjahr direkt in die Fugen. Achten Sie in jedem Fall auf eine gleichmäßige Bewässerung in den ersten Wochen nach der Pflanzung bzw. der Aussaat. Gedulden Sie sich mit dem ersten Betreten der Wege, bis die Kräuter gut angewachsen bzw. aufgegangen sind.

Der Duftrasen

Eine kleine Fläche duftigen Kräuterrasens nimmt so manchen Fußtritt gutmütig hin. Er lädt zum kurzen Schlummer auf duftigem Polster ein. Kleine, mit Kräutern bewachsene, extensive Flächen, am besten an einem vollsonnigen, geschützten Platz, legen Sie mit rasenartig wachsenden Kräutern wie Teppichthymian, Römischer Kamille und Kriechminze an. Sie brauchen dazu eine freie Beetfläche mit feinkrümeligem und leicht festgedrücktem Boden, z. B. 3 x 3 m groß, auf die Sie z. B. Thymianpflanzen relativ dicht setzen. Sind die Kräuter eingewachsen, werden sie mit einer Gartenschere regelmäßig »getrimmt«, d.h. durch Schnitt kurz und dicht gehalten. Bei eingewachsenen Kräuterrasen kann das auch ein Rasenmäher übernehmen.

Auf Kräutern sitzt es sich gut

Vielleicht finden Sie ja eine Steinbank – alt oder neu –, deren Sitzfläche so weit eingetieft ist, dass sie eine Erdschicht und die darin wachsenden Kräuter aufnehmen kann (→ Abb. Seite 20). Die niedrigen Pflanzenpolster setzen Sie in eine ca. 3 cm starke Erdschicht. Einfacher ist es, sich aus Holzbrettern eine Bank mit integrierter Pflanzfläche zu bauen. Sie überdauert aufgrund der Verwitterung zwar keine Jahrzehnte, leistet aber vor allem an einem sonnigen Standort einige Jahre gute Dienste als inspirierender Duftsitz. Für eine Sitzfläche von 40 x 120 cm benötigen Sie ca. 12 Pflanzen. Geeignet dafür sind alle trittfesten Kräuter.

Kräuter in der Wiese

Für die Anlage einer Kräuterwiese (→ Seite 21) fräsen Sie mit einer kleinen Fräse, die Sie im Fachhandel ausleihen können, eine bestehende Rasen- oder Beetfläche um. Schweißtreibender ist das Umgraben mit dem Spaten von Hand. Entfernen Sie vorher Grassoden und grobe Bestandteile. Der Boden sollte nach der Bearbeitung eine krümelige Struktur haben. Mit einem Rechen ebnen Sie die Fläche ein und drücken sie mit einer Schaufel leicht an. Säen Sie dort im Frühjahr eine Wildkräutermischung für, je nach Standort im Garten, sonnige oder schattige Plätze und halten Sie die Aussaat gleichmäßig feucht. Schon bald gedeihen Schafgarbe, Beinwell, Wundklee und Quendel. Die Wiese müssen Sie zwei bis drei Mal jährlich mähen.

EINEN DUFTWEG BAUEN

J	F	M	A	M	J	J	A	S	O	N	D

Zeitbedarf:

- 1/2 bis 2 Tage

Material:

- grober Kies und Sand als Wegeunterbau
- Klinker, Natursteinplatten, Pflastersteine als Wegebelag, evtl. Quarzsand
- ggf. Bretter als Begrenzung

Werkzeug, Zubehör:

- Spaten, Schaufel, Rechen, Schubkarre
- Markierungsschnur und Pflöcke, Wasserwaage, Brett in Breite der Wege
- Gummihammer

› FRAGE & ANTWORT

Expertentipps für die Anlage des Kräutergartens

Kräuter können Sie auf vielfältige Art und Weise in Ihrem grünen Reich integrieren. Selbst für auf den ersten Blick problematischere Plätze finden sich Vertreter aus der Kräuterfamilie, die in Ihr grünes Reich einziehen können.

? **Der Boden auf unserem neuen Grundstück ist ausgesprochen schwer und lehmig. Nach Regenfällen bilden sich viele Wasserpfützen. Können wir dort Kräuter anpflanzen?**

Ihr Gartenboden ist wahrscheinlich stark verfestigt und staunass. Vor einer Bepflanzung empfehle ich ein »Boden-Regenerations-Programm«. Sobald er im Frühjahr ausreichend abgetrocknet ist, wird der Boden tiefgründig umgegraben oder gefräst und glatt gerecht. Anschließend werden Lupinen breitwürfig als Gründüngung ausgesät. Diese Schmetterlingsblütler lockern den Boden mit ihren Wurzeln tief auf und reichern ihn außerdem mit Stickstoff an, den sie mittels bestimmter Bakterien an ihren Wurzeln sammeln. Nach ca. 8 Wochen, wenn die Pflanzen zu blühen beginnen, schneiden Sie sie ab, zerkleinern sie mit dem Spaten und graben sie locker unter. Zur Verbesserung der Luft- und Wasserführung des Bodens ist es ratsam, zusätzlich jeweils eine Schubkarre voll Humus und Sand auf etwa 4 m² einzuarbeiten und nochmals mit dem Rechen zu glätten. Jetzt können die Kräuter kommen!

? **Ich möchte mir selbst eine Duftbank aus Holz bauen. Welches Material verwende ich am besten dafür, und was muss ich beachten?**

Eine Bank aus haltbarem Eichen- oder Zedernholz hält, je nach Holzqualität und Witterung, ca. 4–10 Jahre; preisgünstiges Fichtenholz hingegen hat nur eine kurze Lebensdauer von 2–3 Jahren. Passendes Holzmaterial bekommen Sie in Sägewerken, Schreinereien und im Baufachhandel. Wenn Sie die Möglichkeit haben, Ihre fertige Holzbank von einem Fachbetrieb hochdruckimprägnieren zu lassen, können Sie mit einer Haltbarkeit von 1–3 Jahrzehnten rechnen. Eine Duftbank kann nur aus Sitzfläche und Füßen bestehen oder zusätzlich mit Rückenlehne und seitlichen Armstützen versehen werden. Um das „Pflanzbett“ für den späteren Bewuchs zu schaffen, bringen Sie am besten direkt auf der Sitzfläche einen Rahmen aus entsprechend hohen Leisten oder Kanthölzern an. Bohren Sie in die Sitzfläche einige Wasserabzugslöcher. Mit sandiger, magerer Erde gefüllt entsteht schon bald ein Platz für duftige Kräuterpolster.

? **Wir wollen einen neuen, möglichst vielseitigen Kräutergarten anlegen. Welche Mengen brauchen wir als Grundausstattung von welchen Kräutern für eine vierköpfige Familie?**

Für den Anfang würde ich ein Grundsortiment der wichtigsten Würz- und Küchenkräutern vorschlagen das Sie auf einer Grundfläche von 7–10 m² unterbringen. Säen Sie z. B. Petersilie, Basilikum und Rucola auf einem 2 m langen und 1,2 m breiten Beet jeweils in 2–3 Längsreihen aus;

vom Dill genügt eine Reihe. Auf ein weiteres Beet setzen Sie jeweils eine Pflanze von Liebstöckel, Salbei, Oregano und Bergbohnenkraut. Dazu drei Exemplare von Zitronenmelisse, Thymian und Schnittlauch, je eine Pflanze von Pfefferminze und Krauseminze. Umrahmen Sie die Beete mit Einfassungen aus kleinen Lavendel- und Ysoppflänzchen, die Sie regelmäßig in Form einer ca. 15 cm hohen Hecke trimmen. Oder Sie setzen einzelne Exemplare dieser blaublütigen Dufter an die markanten Eckpunkte der Beete. In noch vorhandenen Lücken machen sich einjährige Blüher wie Ringelblume und Borretsch gut.

? Wie kann man im großen Kräutergarten breite Pflasterwege zum Beetrand hin zusätzlich stabilisieren?

Bei einer Wegbreite über 60 cm können Sie außer mit dem üblichen Kiesunterbau (→ Seite 44/45) durch Streifenfundamente an den Rändern den Wegebelag dauerhaft gegen Abrutschen nach außen sichern. Dazu setzen Sie auf den gut verdichteten Kiesunterbau an beiden Rändern entlang einen Streifen aus Fertigbeton. Der Betonstreifen soll nicht so hoch sein, dass er am Rand des fertig verlegten Weges zu sehen ist, sondern lediglich im »Untergrund« die äußeren Steinreihen am Wegrutschen hindern. Wenn der Beton getrocknet ist, bringen Sie auf der Kiesschicht 2 cm dick feinen Sand aus. Darauf verlegen Sie nun die Pflastersteine so, dass sie innerhalb der seitlichen Betonstreifen eine dichte Fläche bilden. Statt des Betons können Sie auch Holzbretter zu beiden Seiten des Weges bodeneben eingraben, deren Haltbarkeit durch Feuchtigkeit und Verwitterung jedoch nur begrenzt ist.

? In einer Gartenzeitschrift habe ich ein Bild mit wellenförmig verlaufenden Kräuterrabatten gesehen. Wie übertrage ich diese schönen Formen in meinen Garten?

Um gewundene oder in Bögen verlaufende Beetformen anzulegen, können Sie ein dickes Seil oder einen Gartenschlauch verwenden. Legen Sie damit die gewünschten Formen auf der entsprechenden Fläche aus und markieren Sie deren Verlauf anschließend mit hellem Sand, Kalk oder Sägemehl, das Sie an dem Seil oder dem Schlauch entlang streuen. Entlang dieser Markierung stechen Sie nun die Beetgrenze mit dem Spaten ab. Für kleinere Beete können Sie sich auch eine Schablone aus einem Stück Plastikfolie zurechtschneiden, z. B. für ein herzförmiges Beet.

? Welche Art von Steinen verwende ich für eine Trockenmauer, und wo bekomme ich sie am besten?

Für eine Trockenmauer eignen sich verschiedene Arten von unregelmäßig geformten oder grob behauenen Naturbruchsteinen, die Sie in Steinbrüchen, Natursteinwerken oder im Baustoffhandel bekommen. Gut verwenden lassen sich Granit- oder Kalksteine; Sandsteine sind aufgrund ihres schnellen Verwitterns nicht so gut geeignet. Verschieden geformtes Granitsteinmaterial wird häufig auch beim Straßenbau ausrangiert und kann über Abbruchfirmen oder Bauhöfe bezogen werden. Wählen Sie bei der Steinauswahl genügend große, möglichst quaderförmige Steine aus, um vor allem für ein stabiles Fundament ausreichend Material zur Verfügung zu haben (→ Seite 42/43).

? Ich möchte ein Rosen-Kräuter-Beet anlegen. Passen außer Lavendel auch noch andere Kräuter an diesen Standort?

Ebenso wie viele Duft- und Aromakräuter, bevorzugen auch Rosen einen etwas geschützten und sonnigen Standort. Halbhohe Sonnenkräuter wie Lavendel, Salbei, Ysop oder Heiligenkraut gedeihen daher gut neben Beet-, Strauch- oder Kletterrosen oder umrahmen den Fuß eines Rosenhochstämmchens. Vor allem die silberne Blattfärbung der Kräuter steht im schönen Kontrast zu den dunkellaubigen Rosen und ihren rosa, roten oder gelben Blütenfarben. Zu niedrigen Rosen passen duftige Frauenmantel-Polster, die auch gerne von den Rosen etwas beschattet werden. Die duftigen, lockeren Blütenstände des Frauenmantels unterstreichen die Schönheit der Rosenblüten und sehen auch im Strauß miteinander kombiniert schön aus. Setzen Sie die Kräuter so locker um die Rosen herum, dass Sie jederzeit noch gut zum Pflegen und Schneiden an die Rosensträucher herankommen. Oder Sie legen Trittplatten zwischen die Pflanzen.

Kräuter selbst ziehen und einpflanzen

Mit einer eigenen Kinderstube für Kräuter sparen Sie sich Geld für den Kauf bereits vorgezogener Pflanzen aus Gärtnereien und Gartencentern. Sie können auf diese Weise aber auch wertvolle Sorten in Ihrem Kräutergarten erhalten und mehr davon bekommen.

Ob aus Samen oder Teilstücken der Pflanze – Kräuter können Sie leicht selbst anziehen und so für genügend frischen Nachschub im Beet oder im Kasten sorgen.

Der Kräuternachwuchs

Viele Kräuter, vor allem einjährige Arten, ziehen Sie aus Samen an. Diese Art der generativen Vermehrung ist preisgünstiger als der Kauf mehrerer bereits vorgezogener Pflanzen. Entwickeln sich aus den Samenkörnern prächtige Kräuter, schlägt das stolze Gärtnerherz gleich etwas höher. Günstig für eine Aussaat ist ein Kleingewächshaus oder Frühbeet. Im Notfall klappt es aber auch auf der warmen und hellen Fensterbank in Aussaatschalen. Geschützt vor Frost und stark schwankenden Temperaturen, keimen viele Kräutersamen meist wenige Tage nach der Aussaat ab Februar/März. Wenn dann der Frühling im Garten einzieht, haben Sie bereits kräftige Pflanzen, die Sie ins Beet setzen können. Ab Mai bietet es sich auch an, Kräuter direkt an Ort und Stelle im Freien auszusäen.

Im Frühjahr ist die beste Zeit, sich aus Teilstücken der Pflanzen neue zu ziehen. Ob Steckling, Absenker oder Teilung – die vegetative Vermehrung bringt mit der Mutterpflanze identischen Nachwuchs.

Rein ins Beet

Sobald die Wurzeln der Kräuter einen kräftigen Ballen in ihren Töpfen gebildet haben, können sie in die Erde. Ausgerüstet mit Handspaten und Gießkanne, pflanzen Sie die Kräuter an den vorher ausgesuchten Plätzen ein und gießen sie anschließend gut an. Achten Sie beim Bepflanzen von Gefäßen darauf, auch hier ein Substrat oder eine Pflanzerde zu verwenden, die den bevorzugten Standortbedingungen der Pflanze entspricht. Wenn Sie ohne lange Vorarbeit gleich loslegen wollen und vorgezogene Kräuter kaufen, prüfen Sie die Qualität der Pflanzen kritisch.

Ausgerüstet mit praktischen Gartengeräten, können Sie mit dem Bepflanzen Ihres Kräutergärtleins beginnen.

› PRAXIS

Kräuteranzucht aus Samen

Vor allem ein- und zweijährige Kräuter können Sie aus Samen leicht selbst heranziehen. Innerhalb kurzer Zeit entwickeln sich aus den Samenkörnern kräftige Pflanzen zum Ernten und Verwerten.

DIE AUSSAAT IN SCHALEN

J	F	M	A	M	J	J	A	S	O	N	D

Zeitbedarf:

- 15–60 Min.

Material:

- Anzuchterde
- Saatgut

Werkzeug, Zubehör:

- flache Aussaatschalen
- Holzbrettchen
- evtl. Erdsieb
- Abdeckhaube oder Folie
- Blumensprüher

Kräuter selbst aus Samen anzuziehen macht nicht nur Spaß, sondern spart auch Geld. Mit den Körnern eines Samentütchens sichern Sie sich die Ernte für eine ganze Saison.

Gutes Saatgut

Wählen Sie bevorzugt Samen in Keimschutzpackungen. Vor Luft und Feuchtigkeit geschützt, bleiben diese möglichst lange optimal keimfähig. Samen kaufen Sie am besten frisch. Je älter der Samen ist, desto schlechter keimt er. Auf den Samentütchen ist meistens vermerkt, ob die jeweilige Pflanze ein Licht- oder Dunkelkeimer ist. Samen von Dunkelkeimern werden wenigstens so hoch mit Erde bedeckt, wie sie dick sind. Lichtkeimer hingegen drücken Sie nur leicht auf der Bodenoberfläche an.
Von Ringelblumen, Kapuzinerkresse, Fenchel, Dill oder Petersilie können Sie selbst Samen ernten und wieder aussäen. Kurz bevor sich die Fruchtstände öffnen, nehmen Sie die Samen ab, trocknen sie und säen sie im nächsten Frühjahr wieder aus.

Drinnen oder draußen säen?

Ab März können Sie aussäen. Frostharte Kräuter säen Sie direkt ins Beet. Wärmebedürftigere Kräuter wie Gewürztagetes oder Bohnenkraut säen Sie in Aussaatschalen auf der Fensterbank oder im beheizten Gewächshaus aus. Im nicht beheizten Gewächshaus oder im Frühbeetkasten, das sind mit Glasscheiben abgedeckte Holzkästen, beginnt ab April die Aussaatsaison für die ersten Kräuter. Im Handel erhalten Sie auch Mini-Gewächshäuser, die dank ihrer Form und Größe bequem auf der Fensterbank Platz finden. Ausgestattet mit einer Plastikabdeckung, die für gleichmäßige Luftfeuchtigkeit sorgt, sind sie als Kräuter-Kinderstube bestens geeignet. Je nachdem wie warm und hell die Mini-Anzuchtstationen stehen, können Sie ab März mit der Kräuteranzucht darin beginnen. Ab Ende Mai dann können kälteempfindlichere Aussaaten direkt ins Freie.

Aussaat im Haus

Auf der Fensterbank oder im Gewächshaus ziehen Sie Ihren Kräuternachwuchs aus Samen in Schalen an (→ Abb. 1+2).

Für größere Samen eignen sich Jiffy-Pots (→ Abb. Seite 30). Mit Aussaaterde gefüllt legen Sie die Samen einzeln hinein und lassen sie darin keimen. Verwenden Sie grundsätzlich Aussaaterde aus dem Gartencenter. Sie sollte ungedüngt und frei von groben Bestandteilen sein. Haben sich aus den Samenkörnern Sämlinge entwickelt, wird es Zeit, sie zu pikieren, also zu vereinzeln, wenn sich das erste Blattpaar nach den Keimblättern entwickelt hat (→ Abb. 3). Mit einem Pikierstäbchen fahren sie vorsichtig unter die Jungpflanze und heben sie mitsamt der Wurzel an. Dann setzen Sie die Pflanze vorsichtig, möglichst ohne die zarte Wurzel zu verletzen, in einen kleinen Tontopf oder einen Jiffy-Pot, in dem sich der Sämling dann weiter entwickeln kann und langsam einen Ballen ausbildet.

Direktaussaat ins Beet

Möchten Sie Ihre Kräuter direkt an Ort und Stelle im Beet aussäen, bereiten Sie ihnen eine plane, von Erdklumpen befreite Fläche vor.

- Ein Folientunnel schützt Samen und Keimlinge vor Witterungseinflüssen und sorgt für eine gleichmäßige Luftfeuchte und höhere Temperaturen im Innern (→ Abb. 4).
- Sobald die Samen keimen und Wurzeln gebildet haben, kontrollieren Sie die Abstände. Bedrängen sich die Pflänzchen, wählen Sie die kräftigsten aus, die Sie dann pikieren und an anderer Stelle im Beet wieder einsetzen.

1

Kräutersamen aussäen
In eine Aussaatschale spezielle Anzuchterde (ungedüngt!) füllen, leicht anfeuchten und glatt drücken. Dann die Samen gleichmäßig aussäen.

2

Aussaat mit Erde abdecken
Lichtkeimer werden nur leicht angedrückt, Dunkelkeimer ca. 0,3–1 cm hoch mit Erde bedeckt. Die Saat anschließend gut anfeuchten und mit einer Glas- oder Folienhaube abdecken.

3

Sämlinge pikieren
Haben die Sämlinge 1–2 Blattpaare entwickelt, werden sie vorsichtig mit einem Pikierholz aus der Erde genommen und einzeln in Töpfe gesetzt.

4

Im Folientunnel
Besonders wärmebedürftige Kräuter wie Basilikum gedeihen gut unter einem Folientunnel, der je nach Wetter zum Lüften geöffnet oder geschlossen wird.

› PRAXIS

Kräuter aus Pflanzenteilen vermehren

Aus Triebstücken, Wurzeln, Ausläufern oder durch Teilung können Sie aus einer Mutterpflanze viele neue, identische machen. So erhalten Sie sich wertvolle Sorten, ohne sie teuer nachzukaufen.

STECKLINGE VON KRÄUTERN SCHNEIDEN

J	F	M	A	M	J	J	A	S	O	N	D

Zeitbedarf:

- 30–60 Min.

Material:

- Anzuchterde

Werkzeug, Zubehör:

- Töpfe, Multitopfplatten
- scharfes Messer
- Pikierholz
- Holzstäbchen
- Folienhaube

Wenn Sie von einer Mutterpflanze Pflanzenteile abnehmen, um daraus neue Pflänzchen zu erhalten, bewahren Sie deren Eigenschaften. Denn die Erbinformationen sind in jedem Teilstück vollständig enthalten. Gesunde, kräftige Mutterpflanzen sind deshalb das A und O der vegetativen Vermehrung.

Kräuter aus Stecklingen ziehen

Für Stecklinge verwenden Sie die frischen Triebspitzen der Kräuter. Aber auch mittlere Triebstücke können erfolgreich Wurzeln bilden. Der beste Zeitpunkt für die Stecklingsvermehrung ist im Mai oder Juni, wenn die frischen Triebe fest geworden sind. Allerdings sollten sie noch keine Blüten angesetzt haben. Die Kraft des Stecklings würde in die Blüte gehen und sich nicht auf das Wurzelwachstum konzentrieren.

- Schneiden Sie den Steckling kurz unterhalb eines Blattes oder Blattpaares mit einem scharfen Messer ab (→ Abb. 1).
- Füllen Sie einen kleinen Blumentopf oder Multitopfplatten (→ Abb. 2) aus dem Fachhandel randvoll mit spezieller Vermehrungserde oder einem ungedüngten Sand-Erde-Gemisch im Verhältnis 1:1 und drücken Sie die Erde mit einem Holzbrett fest.
- Mit einem Holzstäbchen oder Pikierholz bohren Sie ein Loch in die Erde und führen den Trieb vorsichtig, ohne ihn zu knicken, ein (→ Abb. 2).
- Mit einer Gießkanne mit feiner Brause oder einem Blumensprüher anschließend gut angießen.
- Eine Abdeckung mit einer Glas- oder Kunststoffhaube sorgt für gleichmäßig feuchte Luft (→ Abb. 3).
- Stellen Sie den Topf für die nächsten Wochen an einen hellen und warmen Platz und halten Sie die Erde feucht.
- Beginnen die ersten Blätter zu wachsen, die Abdeckung entfernen und die Pflanzen bald versetzen (→ Abb. 4).

Die Vermehrung durch Stecklinge eignet sich gut für alle teilweise verholzenden Kräuter wie Lavendel, Salbei, Rosmarin, Berg-Bohnenkraut, Ysop, Weinraute, Eberraute, Heiligenkraut, Currykraut und Lorbeer.

Weitere Vermehrungsmethoden

Neben der Vermehrung aus Triebstücken gibt es noch weitere Möglichkeiten, aus einer Pflanze Nachwuchs zu ziehen.

Nachwuchs aus Absenkern

Große Exemplare von Salbei, Oregano, Pfefferminze oder Estragon haben oft sich zum Boden neigende Triebe, so genannte Absenker. Verankern

Sie diese mit Hilfe eines Steins oder einer Drahtklammer auf dem Boden. Die Triebe bilden schon nach einigen Wochen neue Wurzeln und können von der Mutterpflanze getrennt werden.

Kräuter teilen

Aus »krautig« wachsenden Pflanzen wie Schnittlauch, Petersilie, Liebstöckel, Pfefferminze oder Zitronenmelisse erhalten Sie viele neue, kleinere, indem Sie von der Pflanze mit einem Spaten Teile abstechen (→ Abb. 5). Oder Sie graben die ganze Pflanze aus und teilen Sie mit einem Messer in kleinere Stücke. Auch hier bietet sich als beste Zeit das Frühjahr an. Aber auch im Herbst (September/Oktober) können Sie so für Pflanzennachwuchs sorgen. Pflanzen Sie die Teilstücke neu ein und gießen Sie sie an. Wenn Sie die Pflanze in sehr kleine Stücke zerteilen, setzen Sie die Teile besser in Töpfe und warten mit dem Einpflanzen, bis sie einen gut durchwurzelten Ballen haben.

Vermehrung durch Wurzelstücke

Pfefferminze oder Estragon bilden sichtbare, oberirdische Ausläufer. Die Pflanze breitet sich damit selbstständig aus und wird immer breiter. Wenn Sie die Ausläufer von der Pflanze trennen, ausgraben und an anderer Stelle neu eingraben, erhalten Sie schnell und ohne große Mühe neue Pflanzen. Die Ausläufer schneiden Sie im Frühjahr oder Herbst ab.

1 **Steckling schneiden**
Mit scharfem Messer oder Gartenschere an der Mutterpflanze die Triebspitzen von 3–8 cm Länge abschneiden und die beiden untersten Blattpaare entfernen.

2 **Steckling stecken**
Die Triebe mit dem Pikierholz in Multitopfplatten stecken und gut festdrücken. Die untersten Blätter bleiben kurz über der Erde. Danach angießen.

3 **Stecklinge abdecken**
Holzstäbchen halten die Folienabdeckung auf Abstand zu den Stecklingen. Die Platte an einem hellen, warmen (15–20 °C) Platz aufstellen.

4 **Jungpflanzen auspflanzen**
Nach ca. 3–5 Wochen bilden die Stecklinge eigene Wurzeln. Topfen Sie sie vorsichtig aus und setzen Sie sie ins Beet oder in einen größeren Topf.

5 **Kräuter teilen**
Von »krautig« wachsenden Arten wie Pfefferminze teilen Sie die Wurzelballen mit einem scharfen Messer und pflanzen die Teilstücke wieder ein.

› PRAXIS

Das Beet mit Kräutern bepflanzen

Erst mit dem Einzug der Kräuter ins Beet bekommt der Kräutergarten sein Gesicht. Die selbst gezogenen oder frisch gekauften Pflanzen verbreiten unmittelbar ihr typisches Flair.

Der passende Standort und der richtige Boden sind die grundsätzlichen Voraussetzungen für einen üppigen Wuchs Ihrer Kräuter (→ Seite 12/13). Bevor Sie die Pflanzen einsetzen, prüfen Sie ihre Qualität.

Qualität erkennen

Pflanzen guter Qualität haben einen kompakten Wuchs. Lang geschossene und gleichzeitig dünne und schwache Triebe deuten auf Vernachlässigung bzw. falsche Behandlung während der Kultur hin. Die Kräuter hatten dort entweder zu wenig Licht oder sind zu stark mit Stickstoff versorgt worden. Beide Faktoren schwächen die Pflanze und erschweren das Anwachsen. Werfen Sie auch einen Blick auf die Wurzeln: Die Erde im Topf sollte dicht und gut durchgewurzelt sein (→ Abb. 1). Topfen Sie den Ballen zur Kontrolle aus. Wachsen viele Wurzeln schon aus dem Topf heraus, deutet das auf eine »überständige« Pflanze hin, die ihren optimalen Pflanzzeitpunkt bereits überschritten hat. Hat die Pflanze erst wenige Wurzeln, und ein Großteil des Wurzelballens zerfällt beim Austopfen, handelt es sich ebenfalls um keine gute Verkaufsqualität. Schließlich sollten die Blätter frei von Beschädigungen, Flecken und Schädlingen sein. Hellgelbe oder weißlich verfärbte Blätter weisen meist auf einen Nährstoffmangel hin.

Kräuter einpflanzen

Im Gartencenter, auf Märkten oder in der Gärtnerei gekaufte Pflanzen können während der ganzen Gartensaison von März bis Oktober gepflanzt werden. Trotzdem sind die besten Zeitpunkte das Frühjahr und der Herbst. Im Frühjahr gepflanzt, haben die Kräuter eine lange Saison Zeit, Wurzeln zu bilden und zu wachsen und gehen gestärkt in die Winterpause.

1 **Gute und schlechte Qualität**
Die Topfballen müssen gut durchwurzelt sein (links). Aus dem Topf herauswachsende Wurzeln (rechts) oder auch eine spärliche Durchwurzelung erschweren das Anwachsen.

2 **Den Topf entfernen**
Lösen Sie den Ballen aus dem Topf. Halten Sie dazu die Triebe fest und ziehen Sie vorsichtig mit leichten Hin- und Herbewegungen und leichtem Drücken am Topf.

Die sommerliche Hitze und Trockenperioden überstehen sie, bereits eingewachsen, gut. Pflanzen Sie im Herbst, geht die Kraft der Kräuter in die Wurzeln, da das Triebwachstum bereits abgeschlossen ist. Im noch warmen Boden fassen sie schnell Fuß. Im Frühjahr treiben sie frisch aus und entwickeln sich dank der bereits gebildeten Wurzeln schnell zu kräftigen Pflanzen.

Einzug der Kräuter

Topfen Sie die Kräuter aus den Töpfen aus und ordnen Sie sie so im Beet an, wie Sie es im Pflanzplan vermerkt haben, oder Sie sich die Zusammenstellung vorgestellt haben (→ Abb. 2+3). Der Abstand der Pflanzen richtet sich nach ihrer Größe (→ Seite 37). Mit einer Handschaufel graben Sie ein Loch, dass so tief ist, dass der Ballen darin komplett Platz hat (→ Abb. 4). Setzen Sie die Pflanze ein, füllen Sie die ausgehobene Erde herum und drücken Sie die Pflanze mit beiden Händen fest an (→ Abb. 5). Haben Sie alle Kräuter gepflanzt, gießen Sie sie gut an – auch dann, wenn der Boden vom Regen am Tag vorher vielleicht noch feucht ist. Es ist wichtig, dass durch das Gießwasser feine Erdbestandteile fest an alle Wurzeln geschwemmt werden, damit diese schnell wieder ihre Funktion übernehmen und die Pflanze mit Wasser und Nährstoffen versorgen. Auch in den Tagen nach der Pflanzung gießen Sie öfter.

KRÄUTER INS BEET SETZEN

J	F	M	A	M	J	J	A	S	O	N	D

Zeitbedarf:

- 30–60 Min.

Material:

- vorgezogene oder gekaufte Kräuter im Topf, je nach Größe ca. 3–7 Pflanzen pro m^2

Werkzeug, Zubehör:

- Handschaufel
- Gießkanne

3

Pflanzloch ausheben
Arrangieren Sie die Pflanzen nach ihren Vorstellungen im Beet. Mit der Handschaufel graben Sie das Pflanzloch für den Ballen. Lockern Sie dabei auch die umgebende Erde etwas mit auf.

4

Kräuter einsetzen
Setzen Sie die Pflanze locker in das ausgehobene Pflanzloch. Passt der Ballen genau hinein, ist das Loch groß genug. Die Pflanze sollte genauso tief in der Erde sitzen wie zuvor im Topf.

5

Erde anfüllen
Jetzt wird die zuvor ausgehobene Erde wieder um den Wurzelballen der Pflanze herum aufgefüllt. Drücken Sie sowohl die Erde als auch die Pflanze gut mit beiden Händen an.

› PRAXIS

Töpfe, Kästen & Co richtig bepflanzen

Kräuter zieren in Töpfen, Kästen und Kübeln Balkone und Terrassen. Da die Wurzeln wenig Platz zur Verfügung haben, brauchen die Pflanzen beste Bedingungen, damit sie schön gedeihen.

FRISCHE WÜRZE IM TOPFGARTEN

J	F	M	A	M	J	J	A	S	O	N	D

Zeitbedarf:

- 20–30 Min. für einen Kasten von 1 m Breite

Material:

- Tonscherben, Blähton oder Kiesel als Drainageschicht
- Blumen- oder Kräutererde
- evtl. Sand
- verrotteter Kompost

Werkzeug, Zubehör:

- Töpfe, Schalen, Balkonkästen o. ä. mit einem Abzugsloch
- Handschaufel
- Gießkanne

Mit würzigen Kräutern erweitern Sie Ihren Topfgarten. In Schalen, Töpfen, Kästen oder Kübeln fühlen sich bei guter Pflege viele der aromatischen Pflänzchen äußerst wohl.

Das passende Gefäß

Wählen Sie die Behältnisse für Ihre Kräuter auf jeden Fall ausreichend groß und tief, was sich an der jeweiligen Kräuterart und deren Wuchs orientiert, damit die Pflanzenwurzeln genügend Raum finden. Flache Schalen, Kästen und Tröge eignen sich z. B. besonders gut für flach wurzelnde Kräuter wie Oregano und Thymian. Kräuter mit tief reichenden Wurzeln wie Dill und Zitronenmelisse fühlen sich in etwas höheren Töpfen und Kübeln wohler.

Der Handel bietet eine ganze Fülle unterschiedlicher Materialien für Gefäße an. Bleiben die Kräuter auch über Winter im Freien, achten Sie auf frostfeste Gefäße, z. B. aus wetterfestem Terrakotta, Metall oder Plastik. Je schwerer der Topf, desto sicherer bleibt er stehen und fällt nicht bei jedem Windzug, der durch die Kräutertriebe streicht, um. Ob Sie letzten Endes Ton- oder Plastiktöpfen den Vorzug geben, hängt nicht allein von Ihrem Geschmack ab. Die Materialien beeinflussen wesentlich das Wurzelwachstum der Pflanzen und die Wasserspeicherfähigkeit des Substrats (→ Seite 24/25).

Wasserabzug gesichert

Ein Großteil der Kräuterpflanzen bevorzugt trockene Standorte. Auch diejenigen, die mehr Feuchtigkeit brauchen, mögen im Normalfall keine dauerhaft »nassen Füße«. Achten Sie deshalb auf ein Abzugsloch für überschüssiges Gießwasser. Bei Ton- oder Keramiktöpfen ohne Loch lässt sich dieses meist nachträglich »einfügen«, indem man vorsichtig mit einem starken Nagel und einem Hammer selbst ein Loch schlägt. Bevor Sie das Gefäß zum Einpflanzen mit Erde füllen, decken Sie das Wasserabzugsloch mit einigen Tonscherben ab, damit es nicht verstopft und ein »Zuviel« an Wasser gleichmäßig ablaufen kann. Vor allem in größeren Pflanzgefäßen, in denen ausdauernde Kräuter mehrere Jahre lang wachsen und gedeihen sollen, empfiehlt es sich, nicht nur das

1

ainage einfüllen
ecken Sie zuerst die Abzugs-cher mit einer Tonscherbe oder nem Kieselstein ab und vertei-n Sie dann eine 2–3 cm dicke hicht aus Kies oder Blähton als ainage gleichmäßig auf dem efäßboden.

2

Pflanzen einsetzen
Füllen Sie das Gefäß zu ca. einem Drittel mit Pflanzerde auf und arrangieren Sie die Kräuter wie gewünscht im Gefäß. Die Oberfläche des Erdballens soll dabei als Gießrand etwa 2 cm unter dem Kastenrand liegen.

3

Erde auffüllen und andrücken
Füllen Sie nun alle Zwischenräume mit Pflanzerde auf und drücken Sie die Erde fest an. Dabei soll ein Gießrand von 1 cm entstehen. Gießen Sie die Pflanzen anschließend gut und durchdringend an.

Wasserabzugsloch mit Scherben abzudecken, sondern gleich eine 2–3 cm starke Drainageschicht am Topfboden einzufüllen. Diese kann aus Blähtonkügelchen (im Fachhandel unter Hydrokulturbedarf), Kies oder Schotter, zur Not auch aus einer Lage kleiner und mittelgroßer Flusskiesel bestehen.

Den Topfgarten pflanzen

Kräuter setzen Sie bevorzugt im Frühjahr in den Topfgarten. Allerdings können Sie während der frostfreien Zeit auch auf andere Monate ausweichen. Als Pflanzsubstrat für Ihre Kräuter verwenden Sie am besten eine fertige Blumenerde mit guter Wasser- und Nährstoffspeicherfähigkeit oder spezielle Kräutererde aus dem Fachhandel. Für besonders Trockenheit und Wärme liebende Kräuter mischen Sie unter die fertige Blumenerde noch ca. ein Drittel groben Sand. Geben Sie keinen Dünger in die Pflanzerde. Der hohe Salzgehalt schädigt die empfindlichen Wurzeln der Kräuter. Eine Ausnahme bildet gut verrotteter Kompost, den Sie zu einem Drittel untermischen können.

- Tonscherben oder Kiesel bilden die Drainageschicht im Topf (→ Abb. 1). Darauf füllen Sie leicht feuchte Erde.
- Topfen Sie die Kräuterpflänzchen aus und setzen Sie sie in das Substrat ein (→ Abb. 2).
- Halten Sie die Pflanze an den unteren Trieben mit einer Hand fest, füllen Sie mit der anderen Hand ringsherum Erde auf und drücken Sie sie mit dem Ballen fest (→ Abb. 3).
- Achten Sie darauf, dass die Pflanze stabil im Topf sitzt und nicht mitsamt dem Ballen wackelt. Dann hält sie auch kräftigen Windstößen stand.
- Gießen Sie die Kräuter gut an: So lange, bis überschüssiges Wasser durch das Abzugsloch abfließt. Machen Sie zwischendurch eine Gießpause, damit sich das Substrat mit Wasser vollsaugen kann, und gießen Sie dann erneut.
- Während der heißen Sommerzeit stellen Sie frisch eingetopfte Kräuter in den ersten Tagen an einen schattigen Platz. Dann können die Wurzeln in Ruhe Fuß fassen und müssen nicht ständig Wasser an die Blätter nachliefern.

› FRAGE & ANTWORT

Expertentipps zum Anziehen und Pflanzen

Wenn Kräuter nach der Aussaat, dem Vermehren oder dem Einpflanzen nicht in die Gänge kommen, ist guter Rat teuer. Damit Sie Freude an gesunden und gut wachsenden Pflanzen haben, finden Sie nachfolgend die wichtigsten Fragen zum Thema beantwortet.

? Petersilie, die ich in einen Balkonkasten gepflanzt habe, bekommt jetzt gelbe Blätter und kümmert. Was ist passiert?

Petersilie liebt feuchten, humusreichen Boden. Im Balkonkasten kann es leicht passieren, dass die Erde vorübergehend ganz austrocknet oder bei fehlender Drainageschicht stark vernässt und die Wurzeln dadurch unter Sauerstoffmangel leiden. Wählen Sie Pflanzgefäße für Petersilie auf jeden Fall so groß und tief, dass der Topfballen im neuen Pflanzgefäß mindestens 2–3 cm Platz nach allen Seiten hat. Sorgen Sie für einen Abstand von ca. 10 cm zwischen den einzelnen Pflanzen im Balkonkasten. Halten Sie die Erde immer leicht feucht und lassen Sie sie keinesfalls völlig austrocknen. Überprüfen Sie, ob die Pflanzgefäße auch Wasserabzugslöcher im Boden haben. Füllen Sie eine ca. 2–3 cm starke Drainageschicht aus grobem Kies oder Blähton unten in die Kästen. Als Pflanzerde wählen Sie ein strukturreiches Substrat, das nicht nur feine, sondern auch grobe Bestandteile enthält, denn nur dann kann es Wasser gut speichern. Auch ein gut zersetzter Kompost, den Sie etwa zur Hälfte einer sehr feinkrümeligen Pflanzerde aus dem Fachhandel beimischen, erfüllt diesen Zweck.

? Muss ich Tontöpfe, bevor ich Kräuter hineinpflanze, reinigen oder anderweitig vorbehandeln?

Legen Sie neu gekaufte und noch unbenutzte Tongefäße einige Stunden vor dem Bepflanzen oder über Nacht in einen Eimer mit Wasser, damit sich der poröse Ton mit dem Wasser vollsaugen kann. Unterbleibt das, wandert das erste Gießwasser der fertig bepflanzten Töpfe nämlich in die Wand der Gefäße anstatt zu den Pflanzenwurzeln. Alte, bereits benutzte Töpfe säubern Sie vor einer neuen Bepflanzung sorgfältig mit Wasser und Wurzelbürste. Oft setzt sich an gebrauchten Töpfen der Kalk aus dem Gießwasser in Form verkrusteter Ausblühungen ab. Geben Sie beim Reinigen solcher Töpfe einen Schuss Essigessenz ins Wasser.

? Meine Kräuter, die in Töpfen auf dem Balkon stehen, wollen überhaupt nicht wachsen. Was kann ich machen?

Eventuell haben die Pflanzen nicht mehr ausreichend Platz in ihren Töpfen. Topfen Sie sie vorsichtig aus und kontrollieren Sie, ob im Wurzelraum noch ausreichend Erde vorhanden ist. Wenn die Ballen dicht filzig durchwurzelt sind oder die Wurzeln bereits zum Abzugsloch herauswachsen, brauchen die Kräuter größere Töpfe. Pflanzen Sie sie in Gefäße, die dem Topfballen rundum etwa 2 cm mehr Platz geben als die alten Töpfe. Sitzen die Pflanzen bereits in sehr großen Töpfen, sodass Sie sie nicht in noch größere umpflanzen wollen, dann topfen Sie

sie aus, schneiden mit einem scharfen Messer von den Wurzelballen ringsum ca. 2–3 cm weg und setzen sie anschließend mit frischer Erde wieder ein.

? Ich habe noch einen angebrochenen Sack Pflanzerde vom letzen Jahr. Kann ich ihn zum Bepflanzen von Kräutertöpfen immer noch bedenkenlos verwenden?

Das hängt hauptsächlich davon ab, wie Sie die Erde aufbewahrt haben. Generell sollten Sie Pflanzerde immer in verschließbaren Plastiksäcken oder Kunststoffeimern an einem kühlen Ort, z. B. in einem Schuppen oder in der Garage aufbewahren, damit sie nicht austrocknet. Sehr trocken gewordene Pflanzerde bereitet nämlich beim Angießen der eingesetzten Kräuter Probleme, indem sie das Wasser extrem schlecht aufnimmt und so von den feinen Kräuterwurzeln nur zögerlich durchwachsen wird.

? Meine Lavendelstecklinge sind bereits nach zwei Wochen verfault. Was habe ich falsch gemacht?

Gerade bei Lavendel dürfen die Kopfstecklinge nicht zu weich sein, sie bilden nur sehr schwer Wurzeln. Durch einen Überschuss an Feuchtigkeit kommt es daher schnell zur Fäulnis. Um das zu vermeiden, können Sie den Sandanteil in der verwendeten Erde auf maximal zwei Drittel erhöhen. Außerdem sollten Sie niemals direkt auf die Stecklinge gießen oder sprühen, sondern nur auf die Erde. Für gleichmäßige Wärme von unten, die ein Vernässen verhindert und gleichzeitig das Wurzelwachstum fördert, sorgen Sie, indem Sie Ihre Schale mit den Stecklingen auf ein Fensterbrett über einer Heizung stellen. Vergessen Sie dann nicht, die Schale mit einer Folie abzudecken, damit nicht alles Wasser verdunstet und die Erde schön gleichmäßig feucht bleibt (→ Seite 52/53). Sobald die Stecklinge Wurzeln gebildet haben, entfernen Sie die Abdeckung wieder. Wenn Sie mit Hilfe eines Pikierstabs die Pflänzchen leicht anheben, können Sie leicht feststellen, ob die ersten Wurzeln zu wachsen begonnen haben.

? Im letzen Jahr habe ich Ringelblumen gepflanzt, die sich selbst ausgesät haben und jetzt überall aufgehen. Sind sie eine Konkurrenz für die anderen Kräuter?

Ringelblumen geben über ihre Wurzeln verschiedene chemische Stoffe an den Boden ab, die das Bodenleben und das Wachstum der benachbarten Pflanzen günstig beeinflussen. Aus diesem Grund sind sie gute Nachbarn für alle anderen Kräuter und ganz besonders für jene, die leicht von Nematoden, mikroskopisch kleinen Fadenwürmern im Boden, befallen und geschädigt werden, denn diese schätzen die Nähe der Ringelblumen gar nicht. Dazu zählen z. B. viele Doldenblütler. Nur wenn die Ringelblumen so dicht wachsen, dass sie andere Kräuter überwuchern und ihnen Licht nehmen, entfernen oder versetzen Sie einzelne Pflanzen.

? Ich habe keinen Garten und möchte gerne in Töpfen am Fenster frische Kräuter ziehen. Welche eignen sich dafür besonders gut, und welche kann ich schnell ernten?

Setzen Sie in Töpfe oder Kästen am Fensterbrett niedrige oder halbhohe Kräuter wie Thymian, Schnittlauch, Petersilie oder Ysop und schwach wachsende Sorten wie buntlaubigen Salbei oder niedrigen Oregano. Die bunte Kräutermischung sieht einerseits dank unterschiedlicher Blattformen und -farben schön aus, andererseits haben Sie so immer eine gute Vielfalt zum Ernten in Reichweite. Einige einjährige Kräuter lassen sich am Fensterbrett ebenfalls gut ziehen, weil sie schon wenige Tage oder Wochen nach der Aussaat zum ersten Mal geerntet werden können. Basilikum, Einjähriges Bohnenkraut, Kerbel und Koriander sind solche idealen Kandidaten für die Aussaat auf der Fensterbank.
Und sogar ganz ohne Garten, Erde und Töpfe können Sie frisches Kräuter-Grün ernten – und das schon innerhalb weniger Tage! Die Samen der Gartenkresse keimen ganz leicht auch auf feuchter Watte oder Küchenkrepp und brauchen lediglich einen hellen Standort, z. B. in der Küche. Besonders dekorativ wirken die Pflänzchen als »grüner Haarwuchs« von lustigen Kressefiguren aus Ton, denen sie einfach über den Kopf wachsen. Diese Figürchen sind zudem ein hübsches Element in der Küche. Sie sind problemlos im Gartencenter zu bekommen.

Kräuterpflege rund ums Jahr

Gesunde, üppig wachsende Kräuter sind der Dank für gute Bedingungen und liebevolle Pflege. Gießen, düngen, schneiden gehören ebenso zu den regelmäßigen Aufgaben im Kräutergarten wie die sorgfältige Schädlingskontrolle und der Winterschutz für empfindliche Arten.

Kräuter gehören zu den anspruchsloseren und pflegeleichten Pflanzen in Beeten und im Topfgarten. Trotzdem brauchen sie während der Gartensaison von März bis Oktober ab und zu ein bisschen Zuwendung.

Kräuter-Carepaket

Als Folge von ungünstigen Witterungseinflüssen, Standort- oder Bodenverhältnissen kann es schon mal zu Wachstumsstockungen oder zu einem Kümmern der Pflanzen kommen. Einfache Maßnahmen wie eine Pflanze mit Vlies abzudecken oder den Boden zu verbessern, schaffen hier meist schnell Abhilfe.

Häufig kommt es auf den richtigen Zeitpunkt an. Ob Gießen, Düngen oder Mulchen – gewusst wann spart oft eine Menge Ärger. Der richtige Dünger im richtigen Moment gibt Ihren Kräutern einen Wachstumsschub, statt die Wurzeln zu verbrennen. Aber auch das Wie ist entscheidend. Wem das tägliche Schleppen der Gießkanne an heißen Sommertagen zu anstrengend ist, prüft z. B. die Möglichkeiten einer automatischen Bewässerung. Eine Mulchschicht auf den Beeten unterdrückt lästiges Unkraut und spart Ihnen viel Pflegearbeit.

Attackieren Schädlinge oder Krankheiten Ihren Kräutergarten, können Sie ihnen mit selbst hergestellten Spritzbrühen aus Rainfarn oder Knoblauch zu Leibe rücken. Wenn das Material dafür gleich im eigenen Kräutergarten wächst – umso besser!

Mit Messer und Schere

Eine wichtige Pflegemaßnahme, die bei Kräutern besonders gefragt ist, ist der fachgerechte Schnitt der Pflanzen. Denn Beeteinfassungen oder große Einzelexemplare und von der Basis her verholzende Pflanzen wie Lavendel, Salbei oder Eberraute sehen nur dann dauerhaft schön aus, wenn sie regelmäßig in Form gebracht werden. Der Rückschnitt fördert die starke Verzweigung der Triebe, die Pflanzen bleiben kompakt und buschig.

Wasser marsch – das gilt auch für Kräuter an heißen Sommertagen. Mit den richtigen Tipps sparen Sie nicht nur beim Gießen.

› PRAXIS

Gießen im Kräutergarten

Viele Kräuter vertragen Trockenheit ausgesprochen gut. Dennoch brauchen sie in den heißen Sommermonaten eine ausreichende Wasserversorgung. Dazu gibt es einige praktische Helfer.

Viele Pflanzen aus der Kräuterfamilie machen es Ihnen in Bezug auf ihre Wasserversorgung leicht. »Sonnenkinder« wie Lavendel, Königskerze und Rosmarin sind durch nadelartige Blätter, graugrüne Blattfarbe oder silbrige Behaarung so gut an sonnige Standorte angepasst (→ Checkliste Seite 13), dass sie auch bei Hitze nur wenig Wasser verdunsten und damit auch nur wenig Wasser brauchen. Kräuter wie Petersilie und Pfefferminze geben über ihre größeren, saftig grünen Blätter in der sommerlichen Hitze deutlich mehr Wasser ab. Entsprechend brauchen sie ausreichenden Nachschub an den Wurzeln, und Sie müssen öfter gießen.

Goldene Gießregeln!

Diese Regeln haben sich im Umgang mit Gießkanne und Brause bewährt:

- Als Gießwasser eignet sich am besten abgestandenes Leitungs- oder Regenwasser. Hier hat sich der Kalk bereits abgesetzt, der sonst zu störenden Verkrustungen und Ausblühungen auf der Erde führt. Außerdem ist das Wasser etwas angewärmt, was den Wurzeln angenehmer ist.
- Verwenden Sie zum Bewässern möglichst eine Gießkanne oder einen Schlauch ohne Brause und gießen Sie direkt auf den Boden, nicht auf die Pflanzen. Wassertropfen auf den Blättern wirken in der Sonne wie ein Brennglas und verbrennen die Blätter. Außerdem erreicht mehr Wasser die Wurzeln, wenn Sie direkt in Wurzelnähe gießen.
- Bewässern Sie weniger häufig, dafür aber durchdringend und gründlich. Gießen Sie vorzugsweise in den frühen Morgenstunden und am späten Nachmittag, da dann weniger Wasser durch die Sonneneinstrahlung verdunstet. Das spart gleichzeitig Wasser.
- Morgendliches Gießen beugt außerdem einem möglichen Pilzbefall vor, da Boden und Pflanzen schnell wieder abtrocknen können.
- Gießen Sie Topfkräuter über den Untersetzer, und schütten Sie überschüssiges Wasser nach einer halben Stunde ab. Sonst können Staunässe und Wurzelfäulnis die Folge sein.
- Zeigen trotzdem mal die Blätter im Topfgarten schlapp nach unten, tauchen Sie die Topfpflanze mitsamt Topf so lange unter Wasser, bis keine Luftblasen mehr aufsteigen.

Praktische Helfer

Um Topfkräuter oder den Kräutergarten auch mal einige Tage sich selbst überlassen zu

Praxisinfo

WASSER-CHECK

Auch in Töpfen sind welk herabhängende Blätter ein Alarmsignal für akuten Wassermangel. Zusätzlich bildet sich oft ein deutlicher Spalt zwischen Topf und Wurzelballen, und die Erde wird rissig. Beim Anheben ist der Topf auffallend leicht. Machen Sie die Fingerprobe: Bohren Sie mit dem Finger ca. 1 cm tief in die Erde. Wenn dort alles trocken ist, müssen Sie mit der Gießkanne ran.

können, bietet der Fachhandel verschiedene praktische Gieß-Helfer an.

- **Tropfschlauch:** Er wird an einen Wasserhahn angeschlossen und gibt über seine Öffnungen gezielt Wasser auf die Erde unter den Pflanzen ab. Durch Koppelung mit einem automatischen Steuersystem misst ein Sensor die Bodenfeuchte und reguliert so die Wasserzufuhr. Tropfschlauchsysteme bietet der Handel sowohl für den Topfgarten als auch für Beete an.
- **Kästen mit Wasserdepot:** Im Boden der Kästen befindet sich ein Wasserreservoir, das durch einen Zwischenboden vom darüberliegenden Substratteil getrennt ist. Das Wasser wird mittels Einfallstutzen mit Überlauf nachgefüllt. Das Substrat saugt über Dochte das Wasser an. Die Kräuter können so einige Tage sich selbst überlassen werden.
- **Bewässerungskugeln mit Tonfuß:** Die Kugeln fassen bis zu einem halben Liter Wasser und eignen sich je nach Größe für unterschiedliche Topfgrößen. Die Kugel wird mit Wasser gefüllt und der Fuß in die Erde gesteckt. Die Pflanzen nehmen sich dann so viel Wasser, wie sie benötigen.
- **Blumat-Tonkegel:** Die Kegel stecken in der Erde und sind mittels Schlauch mit einem erhöhten Wassertank verbunden, damit ein bestimmter Wasserdruck entsteht. Je nach Feuchtigkeit der Erde wird die nötige Menge Wasser an die Pflanzenwurzeln abgegeben.

1 **Automatische Bewässerung**
Eine Tropfschlauchbewässerung, die mit einem automatischen Steuersystem gekoppelt wird, übernimmt die Bewässerung Ihrer Kräuter auch während eines längeren Urlaubs.

2 **Kasten mit Wasserreservoir**
Das Wasserreservoir im Kastenboden versorgt die Kräuterwurzeln mit Wasser. Achten Sie darauf, dass die Kästen waagerecht angebracht sind, damit überall gleich viel Wasser steht.

3 **Bewässerungskugel**
Die dekorativen Bewässerungskugeln eignen sich gut für einzelne Töpfe, die sie einige Tage lang feucht halten. Sie sind in verschiedenen Farben erhältlich.

4 **Blumat-Tonkegel-System**
Stecken Sie den mit einem Wassertank verbundenen Tonkegel in die Erde. Für einzelne Töpfe oder Kübel, die auf diese Art versorgt werden, reicht die Wasserversorgung für ca. 1 Woche.

› PRAXIS

Dünger und Mulch für Kräuter

Mit dem richtigen Dünger in Maßen helfen Sie Kräutern auf die Sprünge. Zum richtigen Zeitpunkt mit Nährstoffen versorgt, gedeihen sie noch prächtiger. Eine Mulchdecke schützt den Boden vor Austrocknung und beugt Unkraut vor.

Neben Wasser und Licht sind Nährstoffe die wichtigste Voraussetzung für gutes Pflanzenwachstum. Alle Grünpflanzen nehmen im Wasser gelöste Nährstoffe über die Wurzeln aus dem Boden auf. Diese benötigen sie für Wachstum von Blättern und Trieben, zum Blühen und zum Ausbilden von Samen und Früchten.

Nahrung für Kräuter

Kräuter, die von Natur aus an magere, also nährstoffarme

1

Beet mit Mulch abdecken
Organisches Pflanzenmaterial wie Grasschnitt, Stroh- oder Laubhäcksel oder halb verrotteter Kompost eignet sich als schützender Mulch (3–5 cm hoch) auf Kräuterbeeten.

2

Kompost verteilen
Nach mindestens 15 Monaten Kompostierung entsteht gut verrotteter, reifer Kompost. Zur Düngung verteilen Sie ihn mit einem Handrechen ca. 1–2 cm hoch zwischen den Kräutern im Beet.

3

Langzeitdünger einarbeiten
Mit einem Grubber oder Handrechen arbeiten Sie den Dünge flach in die oberste Bodenschic (ca. 5 cm) ein. Günstig dafür sir leicht bedeckte Tage und ein etwas feuchter Boden.

Standorte angepasst sind, können alle ihre Funktionen wie Wachsen und Blühen mit einem minimalen Nährstoffangebot aufrechterhalten. Dazu gehören z. B. Lavendel, Salbei, Heiligenkraut oder Thymian. Bekommen diese Pflanzen zuviele Nährstoffe – v. a. in Form von stark stickstoffhaltigem Dünger –, werden Triebe und Blätter oft »mastig«, d. h. untypisch groß, und das Pflanzengewebe wird weich. Eine deutlich reduzierte Widerstandsfähigkeit gegenüber Krankheiten und Schädlingen und eine schlechtere Winterhärte sind die Folgen. Dagegen sind Kräuter, die mehr Nährstoffe verlangen, wie Liebstöckel, Indianernessel oder Meerrettich, für eine gelegentliche Düngung während des Wachstums dankbar.

Düngeformen

Bei Düngemitteln unterscheidet man zwischen organischen und anorganischen bzw. mineralischen Düngern:

- **Organische Dünger** sind natürlichen Ursprungs. Dazu zählen z. B. Kompost, Guano oder pflanzliche Düngejauchen (→ Seite 68/69). Sie wirken langsam, da sie von Mikroorganismen im Boden erst für die Pflanzen aufgeschlossen werden müssen. Dafür hält ihre Wirkung länger an.
- **Anorganische oder mineralische Dünger** (z. B. Blaukorn) werden chemisch hergestellt. Sie enthalten die wichtigsten Pflanzennährstoffe in einem ausgewogenen, genau festgelegten Verhältnis. Da sie direkt von den Pflanzen aufgenommen werden können, wirken sie sofort. Bei der Ausbringung achten Sie genau auf die Anweisungen auf der Packungsbeilage, um Überdosierungen und damit Schäden an den Wurzeln zu vermeiden.

Für Kräuter reichen organische Dünger mit ihrer langsamen Nährstoffabgabe in der Regel aus. Außerdem sind sie oft preiswerter und in der Herstellung und Verwendung umweltschonender, da sie aus natürlichen Stoffen bestehen.

Der richtige Zeitpunkt

Dünger geben Sie nur, solange die Pflanzen wachsen, sie die gebotenen Nährstoffe also auch aufnehmen können. Mit dem Austrieb der Pflanzen ab März können Sie bereits den ersten Dünger im Jahr ausbringen. Vor allem Stickstoff fördert den Pflanzenwuchs in den ersten Wochen der neuen Gartensaison. Ab Mitte Juli haben die Kräuter ihr Triebwachstum abgeschlossen und brauchen keinen zusätzlichen Stickstoff mehr. Stattdessen können Sie einen kaliumbetonten Dünger ausbringen. Er fördert das Ausreifen der Triebe und damit die Winterhärte.

Praxisinfo

DÜNGEPLAN

- März/April: nach dem Pflanzen Kompost oder organischen Dünger ausbringen
- Mai/Juni: nährstoffbedürftige Kräuter bekommen 1–2 Gaben schnell wirkenden Dünger
- Juni – August: nur bei Bedarf zusätzlich düngen
- Sept./Okt.: schlechte Böden alle 2–3 Jahre mit Kompost düngen

Kräuterbeete mulchen

Mulch, wie Stroh- oder Heuhäcksel oder verrotteter Kompost (→ Abb. 1), zwischen Frühjahr und Herbst ca. 3–5 cm dick zwischen den Kräutern ausgebracht, bietet viele Vorteile:

- Der Boden ist durch die Mulchdecke vor starker Sonneneinstrahlung geschützt und trocknet langsamer aus.
- Die geschlossene Bodendecke unterdrückt Unkraut.
- Sie fördern ein reges Bodenleben durch den Zersetzungsprozess.

Die Bodenorganismen verbrauchen selbst Stickstoff beim Zersetzen der Materialien. Deshalb bringen Sie vor der Mulchdecke etwas organischen Dünger im Beet aus, damit es nicht zu einem Engpass bei der Stickstoffversorgung kommt, und Pflanzen und Organismen beide ausreichend davon bekommen.

› PRAXIS

Kräuter mit der Schere in Form bringen und pflegen

Die Gartenschere ist eines der wichtigsten Werkzeuge bei der Kräuterpflege. Form- oder Rückschnitt, Auslichten oder Ernten – ein Griff zur Schere führt zu kompakten und schönen Pflanzen.

Schnitt ist nicht gleich Schnitt. Man unterscheidet zwischen Rückschnitt, Pflegeschnitt (Schnitt nach der Blüte) und Formschnitt. Allen gemein ist, dass sie die Gesundheit und den Wuchs der Kräuter fördern und meist ohne großen Aufwand möglich sind. Bei Blütenkräutern können Sie mit dem Schnitt die Blütezeit verlängern.

Rückschnitt fördert kompakten Wuchs

Schnitt zur Erhaltung des kompakten Wuchses ist besonders bei mehrjährigen Kräutern angebracht. Je nach Wuchsform lassen sich zwei Gruppen unterscheiden:

▪ Lavendel, Salbei und Ysop sind halbstrauchig wachsende Kräuter, die im unteren Teil verholzen. Diese Kräuter sind frostempfindlich und sollten daher am besten im späten Frühjahr, wenn die ersten Blattknospen austreiben, geschnitten werden (→ Abb. 1). Achten Sie darauf, nur so weit zurückzuschneiden, wie die Triebe Blätter tragen, damit diese nicht eintrocknen. Auch wenn die Wuchsform der Kräuter nicht mehr schön ist, wenn sie z. B. hoch aufgeschossen sind, auseinander fallen oder spärlich wachsen und blühen, können Sie nach der Blüte zur Schere greifen. Ein Schnitt kann alle zwei bis drei Jahre nötig sein, oft auch jedes Jahr.

▪ Zitronenmelisse und Pfefferminze sind Vertreter der zweiten Gruppe. Sie wachsen »krautig«, d. h. bei ihnen treiben immer wieder viele grüne Triebe aus dem Boden aus. Durch einen regelmäßigen Rückschnitt der ganzen Pflanze bis knapp über dem Boden (→ Abb. 3), jedesmal wenn sie etwa 20–30 cm hoch ist, regen Sie frische Austriebe an. Gleichzeitig verhindern Sie ein zu starkes Wuchern der Pflanzen. Zusätzlich hilft ein bodennaher Rückschnitt oder das Auslichten einzelner Triebe, Pilzkrankheiten wie Rost oder Mehltau abzuhalten, da mehr Luft an die Triebe kommt.

Praxisinfo

ERZIEHUNG EINES HOCHSTÄMMCHENS

So machen Sie aus einer buschigen, bereits mindestens 30 cm hohen Rosmarin- oder Lorbeerpflanze ein dekoratives Hochstämmchen:

- Wählen sie einen starken Trieb in der Mitte der Pflanze als Stamm aus und entfernen an diesem alle rundherum wachsenden Triebe, bis auf einige kräftige Triebe an der Spitze.
- Schneiden Sie diese 2–4 Mal im Jahr immer wieder so stark zurück, dass eine kompakte Kugel entsteht und die ganze Pflanze einem kleinen Bäumchen immer ähnlicher wird.
- Alle weiteren, am Stamm oder aus der Wurzel austreibende Triebe werden sofort nach ihrem Erscheinen entfernt.

Regelmäßig Blüten ausschneiden

Mit regelmäßigen, pflegenden Schnittmaßnahmen fördern Sie z. B. den Blütenansatz bei Blütenkräutern wie Ringelblumen oder Gewürztagetes. Wenn Sie regelmäßig Verblühtes entfernen, treiben umso mehr neue Blüten nach (→ Abb. 2). Bei Pfefferminze, Estragon und Basilikum hingegen ist es ratsam, die Blüten kurz vor dem Verblühen abzuschneiden. Dadurch verzweigen sich die Kräuter besser, und es wächst mehr grünes Laub, dass Sie zum Würzen verwenden können. Bei Kräutern, deren Blätter nur vor der Blütenentwicklung gut schmecken, verzögert man mit dem Schnitt die Blüte, um möglichst lange wohlschmeckende Blätter ernten zu können. Zu dieser Gruppe gehören u. a. Schnittlauch und Pimpinelle.

Kräuter in Form bringen

Intensiver Schereneinsatz ist auch dann gefragt, wenn Kräuter in dekorative Formen gebracht werden sollen (→ Abb. 4). Zum ornamentalen Schnitt eignen sich robuste Arten der halbstrauchigen Kräuter wie Lavendel oder Lorbeer. Bringen Sie sie erstmalig im Mai in Form und dann je nach Wuchsstärke noch 1–2 Mal (spätestens im September). Freihändig oder mit Hilfe von Bambusstäben, Draht oder Schablonen lassen sich diese Pflanzen zu Kugeln, Pyramiden oder anderen Figuren formieren (→ Seite 77). Kräuter für Beeteinfassungen halten Sie durch den Schnitt auf einer gleichmäßigen Höhe (ca. 20–30 cm): im Mai und ein weiteres Mal nach der Blüte (Juni/Juli). Schneiden Sie sie an trüben Tagen, dann regenerieren sie sich schneller.

1

Erhaltungsschnitt
Bei strauchartig wachsenden Kräutern wie Lavendel, Salbei oder Heiligenkraut führt ein Rückschnitt auf 1/3 der Größe im März zu kompakterem Wuchs.

2

Rückschnitt nach der Blüte
Nach der Blüte werden im Frühsommer die abgeblühten Blütenreste dieser Kräuter entfernt und bei dieser Gelegenheit, wenn nötig, die Triebe nochmals gestutzt.

3

Bodennaher Rückschnitt
Üppig und krautig wachsende Kräuter werden regelmäßig (auch beim Ernten) bis auf ca. 1 cm über dem Boden zurückgeschnitten. Auf diese Weise halten Sie auch Wucherer im Zaum.

Formschnitt
Halbstrauchige Kräuter schneiden Sie zu Kugeln, Kegeln oder Hochstämmchen. Dies geht freihändig oder mit Bambus- oder Drahtschablonen.

4

› PRAXIS

Der gesunde Kräutergarten

Vorbeugende Maßnahmen helfen, die Kräuter gesund zu erhalten. Haben sich trotzdem Krankheiten und Schädlinge angesiedelt, gilt es, sie erfolgreich zu bekämpfen.

EINE KRÄUTERJAUCHE SELBST HERSTELLEN

J	F	M	A	M	J	J	A	S	O	N	D

Zeitbedarf:
- 30–60 Min.

Material:
- 1–1,5 kg frische Kräuter oder 150–200 g getrocknete Kräuter
- 10 l Wasser
- 50 g Gesteinsmehl

Werkzeug, Zubehör:
- Gartenschere
- Gießkanne
- große Kunststofftonne oder Eimer
- Holzstab zum Umrühren

Von gesunden Kräutern ernten Sie besonders schmackhafte Blätter mit besonders intensivem Aroma. Schützen Sie Ihre Pflanzen deshalb vor Krankheiten und Schädlingen und beugen Sie einem Befall vor. Selbst gemachte Brühen und Jauchen stärken Ihre Kräuter und machen sie widerstandsfähiger. Werden die Pflanzen trotzdem von Blattlaus & Co. befallen, ergreifen Sie schnell wirksame Gegenmaßnahmen.

Vorbeugende Maßnahmen

Beugen Sie Krankheiten und Schädlingen vor. Gestärkte Pflanzen trotzen den Schaderregern und Schädlingen:

- Kaufen und pflanzen Sie nur Kräuter, die frei von Schädlingen und Krankheiten sind.
- Geben Sie Ihren Kräutern den Platz im Garten, der ihren Ansprüchen entspricht. Fühlen sich die Kräuter wohl, sind sie widerstandsfähiger.
- Pflanzen Sie die Kräuter nicht zu dicht. Damit sichern Sie eine gute Durchlüftung im Pflanzenbestand. Regelmäßiger Rückschnitt, z. B. bei der Ernte oder bei Pflegegängen, lässt ebenfalls genügend Luft zwischen die Triebe. So beugen Sie vor allem einem Befall durch Schadpilze vor.
- Vermeiden Sie eine übermäßige Düngung, v. a. mit Stickstoff (z. B. durch Stallmist oder Fertigdünger), weil dadurch das Pflanzengewebe weich und anfällig für Krankheiten und Schädlinge wird (→ Seite 64/65). Eine Untersuchung Ihres Bodens gibt genau Aufschluss über die darin enthaltenen Nährstoffe (→ Adressen Seite 126).
- Behalten Sie Ihre Pflanzen immer gut im Auge, um einen beginnenden Befall möglichst früh zu entdecken.

Abwehr mit eigenen Inhaltsstoffen

Ätherische Öle und einige andere Inhaltsstoffe, die Kräuter v. a. in ihren grünen Pflanzenteilen produzieren, eignen sich zur Vorbeugung und Abwehr gegenüber tierischen Schädlingen und Krankheitserregern. Aus diesem Grund werden besonders aromatische Kräuter selbst weniger häufig befallen. Außerdem dehnen sie ihre abwehrende Wirkung auch auf neben sich wachsende Pflanzen aus. Lavendel z. B. kann bei Rosen einen Befall mit Läusen verhindern oder Bohnenkraut bei Bohnen.

Die Mischung macht's

Kräuter, die Sie in Ihrem Garten nach dem Prinzip einer Mischkultur angepflanzt haben, beeinflussen sich positiv hinsichtlich Wachstum und Anfälligkeit gegenüber bestimmten Schädlingen (→ Seite 36/37).

Kräuter stärken Kräuter

Eine besonders intensive Wirkung entfalten Kräuter in Form von Pflanzenbrühen oder -jauchen, die man leicht aus frischen Kräutern aus dem Garten selbst herstellen kann. Alternativ lassen sich die Ansätze auch mit getrockneten Kräutern zubereiten, die es in der Apotheke zu kaufen gibt. Jauchen und Brühen können vorbeugend, abwehrend und bekämpfend wirken. Für eine Jauche gären die Kräuter mit Wasser über mehrere Tage. Für eine Brühe werden die Kräuter nur kurz eingeweicht und gekocht.

Kräuterjauchen haben's in sich

Die fertig gegorenen Kräuterjauchen wirken wie ein Flüssigdünger und werden in einem festen Verhältnis mit Wasser verdünnt und zur Pflanzenstärkung im Kräutergarten ausgebracht (→ Seite 70/71). Darüber hinaus wirken viele Jauchen, unverdünnt ausgebracht, nicht nur vorbeugend, sondern auch als effektive Maßnahme, wenn die Pflanzen z. B. von Pilzen befallen sind.

1

Kräuter zerkleinern
Für eine Kräuterjauche benötigen Sie 1–1,5 kg frische Kräuter, z. B. Brennnesseln. Zerkleinern Sie diese grob mit einer Gartenschere oder einem kleinen Beil.

2

Mit Wasser mischen
In einem großen Gefäß, z. B. einer Plastikwanne, mischen Sie die Pflanzenteile mit 10 l kaltem Wasser. Der Behälter bleibt 1–3 Wochen an einem schattigen Platz.

3

Gesteinsmehl einbringen
Der Ansatz beginnt nach kurzer Zeit zu gären und wird ab und zu umgerührt. Gegen unangenehme Gärgerüche in der Umgebung hilft eine Handvoll Gesteinsmehl.

4

Gärende Jauche
Solange die Jauche noch gärt, entstehen Schaum und Blasen. Nach etwa 10 Tagen, je nach Temperatur und Witterung, ist die Pflanzenjauche fertig.

Möchten Sie selbst eine Kräuterjauche herstellen, hacken Sie die dafür benötigten Kräuter (→ Seite 69, Abb. 1) klein und setzen Sie sie mit Wasser an (→ Seite 69, Abb. 2). Schon bald setzt eine Gärung ein, die sich durch Blasen und Schaum bemerkbar macht (→ Seite 69, Abb. 4). Sobald sich die Jauche klärt und die Pflanzenreste auf den Gefäßboden absinken, ist die Jauche fertig. Bei hohen Außentemperaturen kann das bereits nach 10 Tagen der Fall sein. Bei frischeren Temperaturen dauert es unter Umständen bis zu drei Wochen.

Folgende Kräuter eignen sich zur Herstellung einer Kräuterjauche:

Ackerschachtelhalm: wirkt gegen Läuse, Verdünnung 1:5
Beinwell: liefert Stickstoff und Kali, Verdünnung 1:20
Brennnessel: liefert Stickstoff, wirkt gegen Läuse, Verdünnung 1:20
Knoblauch: wirkt gegen Pilzkrankheiten, Verdünnung 1:10
Rainfarn: wirkt unverdünnt gegen tierische Schädlinge
Wermut: wirkt unverdünnt gegen Läuse, und Raupen.

Weil Schnecken ganz oben auf seinem Speiseplan stehen, ist der Igel ein gern gesehener Gartengast.

Kräuterbrühe herstellen

Die Kräuter werden hier im Gegensatz zur Kräuterjauche nur kurz in Wasser eingeweicht, gekocht und abgesiebt:

- Für Kräuterbrühen zerkleinern Sie 1–1,5 kg frische Pflanzenteile grob und weichen sie ca. 24 Stunden in 10 Liter kaltem Wasser ein.
- Danach den Ansatz kurz aufkochen, dann ca. 15–30 Minuten leicht köcheln und auskühlen lassen.
- Nun die Brühe durch ein feines Haarsieb gießen, damit keine Pflanzenreste zurückbleiben und die Düsen der Sprühflasche verstopfen.
- Die Brühe wird (in den entsprechenden Verdünnungen, abhängig von Pflanze, Schädling, Krankheit und Anwendung) in eine Sprühflasche abgefüllt.
- Die betroffenen Pflanzenteile werden direkt besprüht. Die Behandlung mit den Kräuterbrühen kann bei starkem Befall drei Tage hintereinander notwendig sein.

Rainfarnbrühe: wirkt unverdünnt gegen alle tierischen Schädlinge
Ackerschachtelhalm: die Bühe hilft bei Pilzbefall und wird vor dem Aufsprühen1:5 verdünnt
Wermut: hilft ebenfalls unverdünnt gegen Blattlausbefall.

Befallene Pflanzen behandeln

Haben sich trotz allen vorbeugenden Maßnahmen Krankheiten oder Schädlinge auf Ihren Kräutern breit gemacht, gilt es, diese schnellstmöglich wieder loszuwerden.

Blattläuse bekämpfen

Blattläuse sind lästig – nicht nur auf zum Verzehr gedachten Pflanzen. Achten Sie deshalb im zeitigen Frühjahr auf den ersten Läusebefall, da sie sich dann besonders schnell ver-

Checkliste

URSACHEN FÜR GELBE BLÄTTER

- ✔ Wurzeln standen zu nass.
- ✔ Hitzeschaden durch Verbrennungen der Blätter, z. B. bei nassen Blättern in der Mittagssonne.
- ✔ Tierische Schädlinge an den Wurzeln, z. B. Nematoden oder Gemüsefliegenlarven.
- ✔ Tierische Schädlinge an den Blättern, z. B. Milben.
- ✔ Nährstoffmangel im Boden von z. B. Stickstoff, Eisen oder Magnesium.

Knoblauch und Ringelblumen gemeinsam im Beet halten den Boden gesund und wehren Schädlinge ab.

mehren und viele Pflanzen innerhalb kürzester Zeit befallen können:

- Vernichten Sie diese Tiere durch Abwischen oder spritzen Sie mit einer Rainfarnbrühe. Damit verhindern Sie eine besonders rasche Vermehrung und Ausbreitung der Läuse.
- Tritt dennoch ein starker Befall auf, hilft eine Schmierseifenlauge: Etwa 20 g Schmierseife werden in 1 Liter Wasser aufgelöst. In hartnäckigen Fällen kann noch Brennspiritus (ca. 10 ccm) beigemischt werden. Beachten Sie jedoch, dass diese Mischung auch für viele Nützlinge tödlich ist.
- Ebenfalls wirksam, jedoch weitgehend unschädlich für Nützlinge, sind käufliche Pflanzenschutzmittel, die Kaliumsalze natürlicher Fettsäuren enthalten (z. B. Neudosan).

Mittel gegen Schnecken

Vor allem den Jungpflanzen machen Schnecken das Leben schwer. In nur einer Nacht können sie den Erfolg wochenlanger Anzucht zunichte machen. Doch auch auf ausgewachsenen Kräutern sehen die Schleimspuren unschön aus und an einen Verzehr ist nicht mehr zu denken.

- Nach wie vor ist das regelmäßige Absammeln, am besten an Köderplätzen wie alten Brettern, flachen Steinen oder Bierfallen eine unangenehme aber fast unumgängliche und wirksame Maßnahme.
- Auch auf die Eier der Kriechtiere sollte man ein Auge haben: Feinkrümeliger Boden ohne Hohlräume bietet kaum Verstecke für Schneckeneier, die dann gut sichtbar ebenfalls vom Boden abgesammelt werden können.
- Eine Mulchschicht aus gehäckseltem Schilf kann eine wirkungsvolle Schneckenabwehr sein, da die Blattkanten sehr scharf sind.
- Eine nicht besonders hübsche, aber unüberwindbare Barriere bilden Schneckenzäune (Fachhandel). Die Oberkante ist nach außen abgewinkelt und kann von den Schnecken nicht überwunden werden.

Inzwischen bietet der Fachhandel Schneckenkorn (z. B. Ferramol®) an, das Haustiere, Vögel und Igel nicht mehr gefährdet und zudem umweltverträglich ist.

Hilfe bei Pilzbefall

Weisen Pflanzen einen starken Befall mit einer Pilzerkrankung (z. B. Mehltau- oder Rostpilze) auf, spritzen Sie die Pflanzen mit einer Ackerschachtelhalmbrühe (Verdünnung 1:5) drei Tage hintereinander. Ein kräftiger Rückschnitt aller befallenen Pflanzenteile und deren Vernichtung ist eine zusätzliche mögliche Maßnahme. Allerdings treiben die meisten Kräuter rasch wieder neu aus. Im Handel erhalten Sie umweltschonende Fungizide (Mittel gegen Pilze). Informieren Sie sich vor der Ausbringung genau über die richtige Anwendung und Dosierung.

Vor allem der vorbeugende Einsatz von Jauchen und Brühen hilft gegen einen Pilzbefall (→ Seite 68/69). Bringen Sie z. B. eine Knoblauchjauche unverdünnt auf den Boden zwischen den Pflanzen aus. Zusätzlich spritzen Sie alle zwei bis drei Wochen eine Ackerschachtelhalmbrühe (Verdünnung 1:5) über die Kräuter. Regnet es in der Zwischenzeit, spritzen Sie öfter, da sonst Regentropfen die Brühe wieder abwaschen.

Diagnosetafel: Schädlinge & Krankheiten

SCHNECKEN

Schadbild: Schabe-, Loch- und Totalfraß an Blättern, Trieben und ganzen Pflanzen, Schleimspuren
Vorbeugen: Nützlinge fördern, z. B. Igel, Blindschleichen; Pflanzen am Morgen gießen; Boden nur flach bearbeiten; mit Schilfhäcksel mulchen; Schneckenzaun
Bekämpfen: regelmäßig absammeln an Köderplätzen, Bierfallen aufstellen; Schneckenkorn ausbringen

BLATTLÄUSE

Schadbild: grüne, dunkle oder rötliche Läuse an Blättern und Trieben, junge Triebe oft verkrümmt und stockend im Wachstum
Vorbeugen: Nützlinge fördern, z. B. Florfliegen, Marienkäfer; ausgewogene Düngung; mit Brennnesseljauche düngen
Bekämpfen: von Hand abstreifen; Spritzen mit Rainfarnbrühe oder Schmierseifenlösung

SCHILDLÄUSE

Schadbild: stecknadelkopfgroße, runde oder ovale, braune Schilder auf Blättern und Trieben, unter denen mikroskopisch kleine Läuse sind; Honigtau-Ausscheidungen, oft von Rußtaupilzen besiedelt
Vorbeugen: ausgewogen düngen, kühles Winterquartier
Bekämpfen: Schilder abbürsten, mit Schmierseifenlauge oder Mittel auf Paraffinölbasis einsprühen

WEISSE FLIEGE

Schadbild: Saugschäden an Blättern, zuerst klebriger (Honigtau-Ausscheidungen), dann schwarzer Belag (Rußtaupilz) auf Blättern
Vorbeugen: Boden feucht halten (gießen und mulchen); Kleingewächshaus gut lüften
Bekämpfen: mit Rainfarnbrühe spritzen; im Gewächshaus bei starkem Befall gelbe Leimtafeln aus dem Fachhandel aufhängen

WURZELLÄUSE

Schadbild: stockendes Wachstum; Blätter verfärben sich hell oder gelblich; Pflanzen kümmern und sterben ab
Vorbeugen: Pflanzen gleichmäßig bewässern; Pflanzenwachstum durch Gießen mit Brennnesseljauche (Verdünnung 1:10) fördern
Bekämpfen: frei gelegten Wurzelbereich mit Rainfarnbrühe gießen; Topfpflanzen austopfen und die Wurzeln mit der Brühe waschen

DICKMAULRÜSSLER

Schadbild: tiefe, halbkreisförmige Fraßstellen an den Blättern (Käfer), abgefressene Wurzeln (Larven)
Vorbeugen: Nützlinge fördern, z.B. Spitzmaus, Igel; Pflanzen öfter umtopfen
Bekämpfen: Käfer nachts absammeln; Rainfarntee auf die Blätter spritzen; Einsatz käuflicher Nützlinge (Nematoden) im Mai und September/Oktober als Gießsuspension

Diagnosetafel: Schädlinge & Krankheiten

KOHLWEISSLING

Schadbild: Loch- und Totalfraß der Raupen an den Blättern von Kapuzinerkresse, Senf und anderen Kohlgewächsen
Vorbeugen: Nützlinge fördern, z. B. Meisen, Schlupfwespen; Rainfarn- oder Wermutbrühe ab Mai auf die Blätter spritzen; Mischkultur mit Tomaten und Sellerie
Bekämpfen: ab Mai Raupen und Eier absammeln

PFEFFERMINZROST

Schadbild: verdickte und verformte Triebe mit orangefarbenen Sporenpusteln im Frühjahr; Blätter vertrocknen von unten nach oben am Stängel und fallen ab
Vorbeugen: regelmäßig Standort wechseln; nicht zu dicht pflanzen; düngen (Ackerschachtelhalmbrühe)
Bekämpfen: Pflanzen dicht über dem Boden abschneiden; Brühe mehrere Tage spritzen

ECHTER MEHLTAU

Schadbild: zuerst weißgraue Punkte, dann grauer Belag auf Blättern und Stängeln
Vorbeugen: bei häufigem Befall Standort wechseln, Pflanzen austauschen; Standort nicht zu trocken; nicht zu dicht pflanzen; mit Ackerschachtelhalmbrühe spritzen
Bekämpfen: Pflanzen dicht über dem Boden abschneiden, Schachtelhalmbrühe mehrere Tage spritzen

PORREEROST

Schadbild: viele kleine orangefarbene Flecken auf den Stängeln; Pflanzen verfärben sich hellgrün, sterben aber nicht ab, im Herbst entwickeln sich wieder gesunde Blätter; Pilz überwintert auf Pflanzen
Vorbeugen: nicht zu dicht pflanzen; ausgewogen düngen; vor Neupflanzung im Frühjahr befallene Pflanzen entfernen
Bekämpfen: nicht möglich

SCHWARZBEINIGKEIT

Schadbild: rötliche, später dunkle Stellen an der Stängelbasis von Keimlingen, die rasch eintrocknen; Umfallen und Verlust der ganzen Pflanze
Vorbeugen: nur gesundes Saatgut verwenden; nicht zu dicht säen oder setzen; frühzeitig pikieren; Fruchtwechsel einhalten; Ackerschachtelhalmbrühe spritzen
Bekämpfen: nicht möglich

MAGNESIUMMANGEL

Schadbild: ältere Blätter verfärben sich zwischen den Blattrippen, dann auf der Blattfläche gelb, später braun, und sterben ab
Vorbeugen: pH-Wert des Bodens überprüfen, da Magnesiummangel häufig auf zu sauren Böden; Bodenproben untersuchen lassen
Bekämpfen: pH-Wert anheben, um Magnesium verfügbar zu machen; mit kohlensaurem Kalk düngen

› PRAXIS

Kräuter winterfit machen

Manche Kräuter in Beeten oder im Topfgarten benötigen einen Schutz vor winterlicher Kälte und Nässe. Vor allem bei Trockenheit liebenden oder mediterranen Arten sollten Sie vorbeugen.

Bis auf einige wenige Ausnahmen übersteht das Gros der Mehrjährigen unsere Winter unbeschadet im Freien. Nur wenige typisch mediterrane Kräuter tolerieren keine frostigen Temperaturen und müssen ins Haus. Zweijährige überdauern auf jeden Fall einen Winter; Löffelkraut oder Petersilie liefern auch im Winter frisches Grün, wenn sie nicht gerade von meterhohem Schnee bedeckt sind. Viele Einjährige wie Dill, Basilikum, Kapuzinerkresse sterben sowieso bei den ersten Minusgraden ab; andere hingegen, wie den Winterportulak, können Sie sogar während der kalten Jahreszeit ernten.

Im Garten durch den Winter

Die meisten mehrjährigen Gartenkräuter kommen völlig ohne speziellen Winterschutz aus. Nur die etwas Empfindlicheren wie Französicher Estragon, Currykraut, Heiligenkraut sowie buntblättrige Thymian- und Salbeiarten brauchen in besonders winterrauen Gegenden eine extra Isolationsschicht! Eine Lage Fichtenreisig oder eine Abdeckung mit Gärtnervlies reicht als Schutz aus. Ab Mitte Februar entfernen Sie die Abdeckung, damit die Pflanzen ungestört austreiben können.

Winterschutz im Topfgarten

Im Topfgarten sind die Kräuter der Kälte besonders ausgesetzt. Von allen Seiten dringen die frostigen Temperaturen an die Wurzeln im Topf. Rücken Sie die Gefäße am besten nahe an die Hauswand, wo sie einigermaßen geschützt stehen. In erster Linie schützen Sie den Wurzelballen vor dem Durchfrieren. Wickeln Sie daher den Topf in Noppenfolie, Jute oder Strohmatten ein und stellen Sie ihn auf ein Brett oder eine Styroporplatte (→ Abb. 1). Soll die Pflanze, z. B. Immergrüne,

1

Töpfe in Noppenfolie wickeln
Wenn Sie den Topf an die Hauswand rücken und ihn in Noppenfolie einschlagen, überwintert z. B. Rosmarin in wintermilden Gegenden ohne Schäden auch auf dem Balkon oder der Terrasse im Freien.

2

Vlies für die Triebe
Kälteempfindliche Beetkräuter wie den Französischen Estragon decken Sie in rauen Lagen mit Fichtenreisig oder Gärtnervlies ab. So sind sie auch vor Sonne und Wind geschützt.

selbst auch geschützt werden, umwickeln Sie sie locker mit Gärtnervlies (→ Abb. 2). Das schützt gleichzeitig vor Wind und Sonne. Da die Blätter Feuchtigkeit nach außen abgeben, die Wurzeln aufgrund des gefrorenen Bodens jedoch kein Wasser nachliefern, kann es zu Schäden an der Pflanze kommen, der so genannten Frosttrocknis. Denken Sie daran, die Pflanzen zwar sparsam, aber gelegentlich zu gießen.

Überwinterung im Haus

Lorbeer, Zitronenverbene, Duftpelargonien, Strauchbasilikum, das ganze Sortiment der Fruchtsalbei-Arten und in rauen Lagen auch den Rosmarin holen Sie ins Haus, sobald die ersten Nachtfröste drohen. Die Pflanzen sollten an einem hellen und kühlen Platz (5–10 °C), z. B. am Kellerfenster oder in nicht beheizten Räumen, stehen und nur äußerst sparsam gegossen werden (→ Abb. 4+5). Die immergrünen unter ihnen (z. B. Lorbeer, Rosmarin) brauchen etwas mehr Wasser. Nicht immergrüne Pflanzen wie die Zitronenverbene können bei ca. 5 °C weitgehend trocken überwintern. Je wärmer es im Winterquartier ist, desto häufiger gießen Sie. Viele Kräuter überwintern, ohne Schaden zu nehmen, auch im Dunkeln, wenn Sie keinen anderen Platz für sie haben. Kürzen Sie vor dem Einräumen die Triebe um die Hälfte ein. Vor dem Ausräumen im Frühjahr schneiden Sie die Triebe nochmals um ein Drittel ab, damit die Pflanzen wieder gut austreiben.

Kräuterfrische im Winter

Wer selbst im Winter nicht auf frische Kräuter verzichten möchte, kann auf der Fensterbank seine Versorgung während der gartenfreien Zeit sichern. Topfkräuter wie Basilikum, Bohnenkraut oder Kresse ziehen im Herbst aus dem Topfgarten direkt ins Warme um. An einem hellen Platz und bei guter Pflege, vor allem regelmäßigem Gießen, wachsen sie weiter, und Sie können die Triebe und Blätter zum Würzen und Aromatisieren, z. B. als Zugabe zu Salaten, immer frisch ernten.

3

berwintern in der Kiste
iele kleine Kräutertöpfe aus em Topfgarten stellen Sie am esten in eine Kiste auf eine chicht aus Blähton, füllen die wischenräume mit Holzwolle nd decken das Ganze mit Fichenreisig ab.

4

Ein Platz im Wintergarten
Ein kühler und heller Wintergarten (5–10 °C) oder ein heller Platz in der Wohnung sind ideal zur Überwinterung von frostempfindlichen Kräutern wie der Zitronenverbene geeignet. Gießen Sie ca. ein Mal pro Monat.

5

Helles Treppenhaus
Im frostfreien, nach Möglichkeit auch ausreichend hellen Treppenhaus o. ä. fühlt sich z. B. der immergrüne Lorbeer im Kübel während der Wintermonate wohl. Auch hier kontrollieren Sie regelmäßig die Feuchte des Ballens.

› FRAGE & ANTWORT

Expertentipps rund um die Pflege von Kräutern

Wenn's manchmal »klemmt«, muss guter Rat nicht teuer sein. Gewusst wie, geht Ihnen das Gießen, Düngen, Schneiden und Überwintern der Kräuter ganz leicht von der Hand.

? Damit meine Kräuter besonders gut wachsen, habe ich frischen Stallmist im Beet ausgebracht. Doch jetzt kränkeln sie. Kann der Mist daran schuld sein?

Frischer Stallmist ist ausgesprochen nährstoffreich, und die darin enthaltenen Nährstoffe liegen in einer für die Pflanzen schnell verfügbaren Form vor. Das bedeutet sozusagen ein Überangebot an »Futter« für die eher weniger nährstoffbedürftigen Kräuter, was ihnen aus diesem Grund auch nicht gut bekommt. Abgeschwächtes Aroma, artuntypisches Wachstum und damit einhergehende Krankheitsanfälligkeit sind die Folge. Der nährstoffreiche Stallmist wird generell nur bei sehr »hungrigen« Kulturen (z. B. stark zehrendes Gemüse) verwendet und auch dann nicht frisch auf bepflanzte Beete ausgebracht, sondern erst eine Weile kompostiert oder ein paar Wochen vor der Pflanzung oberflächlich in den Boden eingearbeitet. Denn außer der Nährstoffüberversorgung der Pflanzen zieht der frische Mist auch Schädlinge wie z. B. Zwiebel- oder Möhrenfliegen an, die die Pflanzen schädigen und zusätzlich schwächen.

? Meine Kräuter im Topfgarten überwintern im Freien auf der Terrasse. Wie oft muss ich sie im Winter gießen?

Dafür gibt es leider keine feste Regel; der berühmte »Grüne Daumen« ist hier gefragt! Insbesondere brauchen aber alle Kräuter, die auch im Winter noch Blätter tragen, wie Lavendel, Salbei oder Heiligenkraut, auch in den kalten Wintermonaten etwas mehr Wasser als solche, deren oberirdische Pflanzenteile im Winter völlig vertrocknet oder abgestorben sind, wie Pfefferminze oder Indianernessel. Für beide Gruppen gilt allerdings, dass die Erde im Topf nicht staubtrocken werden sollte, denn dies ist im Garten oder im Beet ja auch nicht der Fall. Wenn Sie den Wurzelballen der Pflanze aus dem Topf nehmen, sollte er daher noch soviel Feuchtigkeit enthalten, dass die Erde nicht von den Wurzeln abfällt. Stehen Ihre Töpfe nicht unter einer Überdachung, so reichen meist die winterlichen Niederschläge aus Regen und Schnee aus, um diese Grundfeuchtigkeit in den Töpfen zu gewährleisten. Beobachten Sie jedoch, ob Kräuter, die z. B. geschützt nahe an der Hauswand stehen, von den natürlichen Niederschlägen auch wirklich etwas abbekommen. Wenn nicht, sollten Sie etwa ein Mal im Monat mit der Gießkanne nachhelfen. Das gilt auch dann, wenn über mehrere Wochen hinweg kaltes, frostiges Wetter ohne Niederschlag herrscht und vielleicht auch noch eine intensive Wintersonne die Töpfe erwärmt und austrocknet. Damit sich der gut gemeinte Guss nicht ins Gegenteil verkehrt, müssen die überwinterten Töpfe möglichst Wasserabzugslöcher und eine Drainageschicht haben.

Muss ich meine Kräuter im Winterquartier auf eventuellen Befall durch Schädlinge kontrollieren? Wenn ja, was muss ich beachten?

Kontrollieren Sie überwinternde Topfkräuter auf dem Balkon oder auch im Haus auf jeden Fall regelmäßig, etwa einmal im Monat, auf Schädlingsbefall. Vielen tierischen Schädlingen wie Blatt- oder Schildläusen kommen die geschützten Bedingungen im »lauschigen« Winterquartier für die eigene Überwinterung gerade recht, und ehe man sich's versieht, hat man ungebetene Wintergäste an seinen Pflanzen. Wenn Sie einen möglichen Befall frühzeitig entdecken, ist es mit einer Entfernung der Tiere von Hand meistens schon getan. Im Notfall schneiden Sie stark befallene Triebe und Pflanzenteile sofort weitgehend zurück. Das Winterquartier im Haus sollte auch regelmäßig gut gelüftet werden, um Schädlingen, die oft erwärmte und trockene, »stehende« Luft bevorzugen, keine Chance zu geben.

Wie bastelt man Formen, mit deren Hilfe man z. B. aus einer Lorbeerpflanze eine Pyramide, Kugel etc. schneiden kann?

Am einfachsten zu schneiden sind Pyramiden- und Kegelformen. Für eine Pyramide brauchen Sie vier Holz- oder Bambusstäbe, die Sie in gleichmäßigem Abstand um die Pflanze herum in den Boden stecken und in Höhe der vorgesehenen Spitze mit Schnur oder Draht zusammenbinden. Die Stäbe markieren die Kanten der Pyramide; die Flächen dazwischen schneiden Sie nun schräg zur Spitze hin glatt. Ein waagerecht angelegter Stab hilft, alle vier Seitenflächen gleichmäßig zur Spitze hin abzuschrägen. Soll aus dem Lorbeer ein Kegel werden, stecken Sie nur drei Stäbe hinein und fixieren diese an der Spitze. Jetzt wird vorsichtig geschnitten, aber die Fläche nicht so stark angeschrägt. Während des Schneidens drehen Sie die Bambusschablone immer ein Stück weiter, sodass eine gleichmäßig abgerundete Fläche entsteht. Um eine Kugelform zu erhalten, werden vier Stäbe rings um die Pflanze senkrecht in den Boden gesteckt und ihre oberen Enden mit Schnur oder Draht waagerecht so verbunden, dass ein Würfel oder Quadrat entsteht. Entlang dieser Form wird die Pflanze zunächst zurechtgestutzt, dann die Schablone entfernt und die Kanten zu einer kugeligen Rundung ausgeglichen. Kompliziertere Formen wie Spiralen oder Tierfiguren schneiden Sie mit Hilfe eines Gerüstes aus in Form gebogenem Draht, das möglichst deutlich die gewünschte Figur markiert. Solche Schablonen sind auch bereits vorgeformt im Gartenfachhandel erhältlich. Frühester »Frisörtermin« ist ab Mai, der späteste im September. Je nach Wuchsfreudigkeit der Pflanze greifen Sie 2–4 Mal pro Jahr zur Schere.

Mein Lavendelstock ist hoch aufgeschossen, unten ganz kahl und holzig und hat nur noch im oberen Drittel frische Triebe und Blüten. Was kann ich tun, damit er wieder schöner aussieht?

Schneiden Sie ihn mindestens um die Hälfte bis zu einem Drittel zurück, am besten im zeitigen Frühjahr, kurz vor dem Austrieb (April). Ist dieser Zeitpunkt schon verstrichen, stutzen Sie ihn nach der Blüte kräftig, eventuell auch zum zweiten Mal. Schneiden Sie jedoch auf keinen Fall alles Grüne weg, sodass nur die verholzten Grundtriebe stehen bleiben, weil die Pflanze sonst abstirbt. Haben Sie Ihren Lavendel wieder gut in Form gebracht, reicht es, wenn Sie alle 2–3 Jahre einen Korrekturschnitt durchführen.

Ich möchte Kräuter auf einem ehemaligen Gemüsebeet anpflanzen. Muss ich den Boden besonders vorbereiten?

Viele Gemüsearten entziehen dem Boden Nährstoffe. Gönnen Sie Ihrem Beet also am besten erst eine Erholungskur und säen Sie Gründüngungspflanzen, z. B. Lupinen, an. Diese Pflanzen sorgen für eine gute Struktur und Belebung des Bodens. Ratsam ist es, Gründüngung im Frühjahr auszusäen, sie bis zum Herbst wachsen zu lassen, dann abzumähen, die Reste leicht einzuarbeiten und dann dort Kräuter zu setzen. Oder Sie säen erst später im Jahr Gründüngung aus, lassen diese Pflanzen den Winter über auf dem Beet, räumen es im folgenden Frühling ab und beginnen dann mit der Kräuterkultur. Setzen Sie außerdem keine Kräuter der gleichen Familie wie das vorangegangene Gemüse auf dasselbe Beet, z. B. Petersilie nach Möhren, da dies zu Unverträglichkeit und Kümmerwuchs führen kann.

Kräuter ernten und genießen

Nach der Gartenarbeit kommt der wohlverdiente Genuss! Gourmets wissen die aromatischen Kräuter als Verfeinerung von Speisen in der Küche zu schätzen. Wellness-Fans verarbeiten sie zu gesunden und pflegenden Essenzen oder tauchen im duftenden Kräuterbad ab.

Für einen Kräutergärtner lohnt es sich im Sommer immer, mit Erntekorb und Schere ausgerüstet durch den Garten zu streifen. Spontan finden Sie noch leckere Zutaten für den bunten Salat, oder Sie schneiden voll erblühte Lavendelblüten zum Trocknen.

Aroma pur

Die Blätter und Triebe vieler Kräuter sind dann am aromatischsten, bevor sie zu blühen beginnen. Andere hingegen, wie der Beifuß, erfordern etwas Geduld, da sie erst ernte-reif sind, wenn sich die Blütenknospen gerade zu öffnen beginnen. Achten Sie also genau auf den Erntezeitpunkt. Blätter, Blüten oder ganze Triebe – je nach Kräuterart verwenden Sie ganz unterschiedliche Pflanzenteile als Zutaten. Was Sie ernten, hängt einerseits von der späteren Verwendung ab, andererseits auch vom Wuchs der Pflanze. Können Sie alle geernteten Teile nicht gleich frisch verwenden, konservieren oder trocknen Sie die Kräuter. So haben Sie auch gleich für kräuterarme Zeiten während des Winters vorgesorgt.

Kräuter mal ganz anders

Kräuter können mehr, als nur ein wenig grüne Würze zu frischen Salaten und leckeren Suppen beisteuern. Oft betören sie uns schon mit ihren Blüten. Schön für's Auge, ja, aber essen…? Probieren Sie doch einmal Blütenbutter oder frische Salate und gedünstete Speisen mit verschiedenen Kräuterblüten. Kapuzinerkresse-, Ringelblumen- oder Salbeiblüten haben durchaus jeweils ihre spezifische Geschmacksnote und geben vielen Gerichten den richtigen Pfiff. Besonders lohnenswert ist es auch, die charakteristischen Aromen von Blättern und Blüten in Öl, Essig oder Würzmischungen haltbar zu machen, um so jederzeit mit diesen sommerlichen Aromen kochen und würzen zu können. Ein Glas Kräuterlikör und ein entspannendes Kräuterbad lassen schließlich alle gärtnerischen Mühen vergessen!

Zusammen mit Essig und Öl behalten Kräuter ihr Aroma lange und verfeinern z. B. Salate. Die Fläschchen sind zudem dekorativ.

› PRAXIS

Erntezeit für frische Kräuter

Von Frühling bis Herbst können Sie sich von der frischen Kräuterpracht verwöhnen lassen. In Beeten und im Topfgarten duften sie um die Wette und warten nur darauf, geerntet zu werden.

Wie bei fast allen anderen gärtnerischen Arbeiten spielt auch beim Ernten der Zeitpunkt eine entscheidende Rolle. Kräuter, die Sie zum Würzen, Kochen oder auch zum Aufbewahren für die spätere Verwendung ernten wollen, sollten möglichst aromatisch und gehaltvoll sein. Sobald die frischen Austriebe ausgereift sind – bei den meisten Kräutern ab Mitte bis Ende Mai – geht die Erntesaison im Kräutergarten los.

Erntezeit im Kräutergarten

Ernten Sie am besten an einem warmen, trockenen Tag. Günstig sind die späten Vormittagsstunden, wenn die Pflanzen bereits vom nächtlichen Tau abgetrocknet sind.

Mehr Sonne – mehr Würze

Sollen die Kräuter in erster Linie frisch verwendet werden, können Wetter und Tageszeit nicht immer ganz so genau beachtet werden. Bedenken Sie, dass die Pflanzen an regnerischen oder trüben Tagen weniger aromatische Inhaltsstoffe produzieren und Sie daher die Dosis etwas erhöhen müssen, um die gewünschte Würze zu erreichen. Mit Kräutern in Töpfen, die an besonders geschützten und warmen Plätzen aufgestellt werden, sind Sie daher immer gut beraten. Hier entfalten die Kräuter in Sonne, Wärme und Trockenheit ihren vollen Geschmack.

Ernten – gewusst wie

Damit die Stängel der Kräuter nicht gequetscht werden, verwenden Sie bei der Ernte ein gut geschärftes Messer oder eine scharfe Kräuter- oder Allzweckschere (→ Abb. 1). Gehen Sie am besten so vor:

- Von wüchsigen, nicht verholzenden Kräutern, wie Pfefferminze, Zitronenmelisse, Salbeigamander oder Waldmeister, schneiden Sie ganze Triebe kurz über dem Boden ab. So lichten Sie die Pflanzen gleichzeitig aus und sorgen für kräftigen Neuaustrieb.
- Von eintriebigen Kräutern wie Dill, Kerbel, Koriander oder Basilikum schneiden oder knipsen Sie nur die Triebspitzen oder einzelne Blätter ab (→ Abb. 2). Durch den gelegentlichen Schnitt der Triebspitzen verzweigen sich diese Pflanzen im unteren Bereich. Dadurch verlängern Sie auch die Erntezeit.
- Bei verholzenden Kräutern, wie Lavendel, Salbei, Rosma-

Praxisinfo

DELIKATE BLÜTENKRÄUTER

Wollen Sie Kräuter auf Suppentellern und in Salatschüsseln bunt und würzig »erblühen« lassen? Hier finden Sie die Erntezeiten der wichtigsten Blütenkräuter:

- Borretsch: Juni – September
- Ringelblume: Juni – Oktober
- Indianernessel: Juni – August
- Gewürztagetes: Juni – Oktober
- Kapuzinerkresse: Juni – Oktober

rin oder Thymian (→ Abb. 1), werden ebenfalls die Spitzen der Triebe geerntet. Die Pflanzen treiben kräftig neu aus und wachsen schön kompakt.

- Zum Würzen, Kochen oder Aromatisieren werden von den meisten Kräutern in erster Linie Blätter, Triebspitzen oder ganze Stängel geerntet. Diese haben ihren höchsten Aromagehalt vor der Blüte, weshalb der Haupterntezeitpunkt vor dem Blühbeginn der Pflanzen liegt.
- Beim blühenden Kraut befinden sich die meisten aromatischen Inhaltsstoffe in den Blüten, die dann bei vielen Würzkräutern wie Salbei, Thymian, Rosmarin, Oregano, Majoran oder Basilikum an Stelle der Blätter geerntet und genauso verwendet werden können.
- Für Rezepte mit Blüten, sei es für die Küche oder für die Schönheitspflege, werden ausdrücklich nur die Blüten geerntet. Diese müssen frisch aufgeblüht und trocken sein.

Praktische Helfer

Halten Sie für die Kräuterernte immer luftige Draht-, Weiden- oder Spankörbe bereit, in die Blätter, Triebe und Blüten locker hineingeschichtet werden können. Sortieren Sie die einzelnen Kräuter gleich beim Schneiden. Mit einem feuchten Geschirrtuch abgedeckt schützen Sie die Ernte vor dem Austrocknen und sorgen für Frische bis zur Verwertung.

1 **Scharfes Werkzeug**
Verwenden Sie bei der Ernte nur scharfe Scheren oder Messer. Am besten schneiden Sie immer kurz oberhalb eines Blattpaares. Aus den verbliebenen Blattachseln treiben neue Triebe nach.

2 **Blättchen abzupfen**
Zupfen Sie von größeren Trieben einzelne Blättchen ab, die Sie verwenden möchten. Von manchen Kräutern sind die Triebe zu fest, um sie mitverzehren oder verwerten zu können.

3 **Kräuterernte abwaschen**
Unter einem leichten Wasserstrahl säubern Sie die Blätter von Erde und anderen Ablagerungen. Bei gekräuselten Blättern, z. B. von Petersilie, waschen Sie besonders gründlich.

4 **Trocknen lassen**
Auf einem ausgelegten Küchenhandtuch neben der Spüle lassen Sie die Kräuter nach dem Waschen trocknen. Nass sollten Sie sie nicht verwenden.

Vom Garten auf den Tisch

Haben Sie in Töpfen oder im Garten immer einen Vorrat frischer Kräuter zur Hand, können Sie beim Kochen, Würzen und Dekorieren aus dem Vollen schöpfen. Alles, was aromatisch ist, wird verwendet.

Mit Blättern und Blüten der Kräuter zaubern Sie herrliche Leckereien. Immer wieder können Sie erfinderisch sein und neue kulinarische Kreationen ausprobieren.

Grüne Kräuterwürze

Frische Kräuter zum Würzen und Verfeinern der Speisen geben gerade der Sommerküche mit frischen Salaten, Grillfleisch und fruchtigen Desserts den letzten Pfiff. Aus den gleichen Salatzutaten lassen sich z. B. mit unterschiedlichen Kräutern verschiedene Geschmackserlebnisse kreieren. So erhält ein Tomatensalat entweder eine würzige Knoblauchnote, ein mediterranes Basilikumflair oder einen Hauch Zitronenfrische. Doch Kräuter eignen sich nicht nur für herzhafte Salate, sondern auch süße Desserts und Obstsalate erhalten z. B. durch die Aromen von Zitronenverbene, Pfefferminze, Waldmeister oder Lavendel eine ganz besondere Note. Pfannengerichte und Aufläufe, Kräuterquarks, Brotaufstriche, Soßen und Suppen lassen sich auch gut mit Wildkräutern zubereiten, wie Bärlauchquark, Sauerampfersuppe oder Brennnesselsoße.

Ein Sommersalat mit bunten Kräuterblüten erfreut Auge und Gaumen. Guten Appetit!

Essbare Blütenpracht

Von fast allen Kräutern, deren frische Blätter und Triebe Sie in der Küche verwenden, können Sie auch die Blüten zum Würzen und Kochen nutzen. So passen z. B. die ausgezupften Einzelblüten von Schnittlauch und Bärlauch gut zu Rührei oder herzhaften Pfannkuchen, die Blüten von Thymian oder Oregano auf Pizza und überbackene Baguettes und Ysop-, Fenchel- oder Dillblüten zum Fisch. Basilikumblüten würzen gebackene Tomaten oder Tomatensuppe; Rosmarin- oder Salbeiblüten verleihen Rinder- oder Lammbraten ein würziges und zugleich blumiges Aroma und passen auch gut zu Ofenkartoffeln. Kapuzinerkresseblüten geben Pfannen- und Schmorgemüse eine leicht pfeffrige Note, und die ausgezupften Einzelblüten von roten Indianernesseln oder orangefarbenen Ringelblumen harmonieren hervorragend mit Wildreis. Das herb-süßliche Aroma von Lavendelblüten zu geschmortem Huhn oder aber in Quark- und Obstdesserts ist beim ersten Bissen etwas ungewöhnlich, aber für so manche kulinarische Überraschung gut.

Würzige Kräuterbutter

Kräuterbutter ist ein würziger Hit für kalte Buffets und sommerliche Gartenpartys. Verwenden Sie kleingeschnittene Kräuter wie Petersilie, Schnittlauch, Thymian, Oregano, Basilikum, Salbei und Ysop dafür, ebenso die Blüten von Ringelblume, Gewürztagetes, Lavendel, Salbei, Majoran, Ysop, Thymian, Rosmarin oder Indianernessel. Für ein

Ein leckeres Pesto kann nicht nur aus Basilikum hergestellt werden. Probieren Sie es doch einmal mit Wildkräutern aus.

Butterstück von 250 g brauchen Sie eine gut gehäufte Hand voll gewaschener und verlesener Kräuter und Blütenblätter. Mischen Sie die klein geschnittenen Kräuter unter die zimmerwarme, weiche Butter, salzen Sie sie nach Belieben und formen Sie dann Kugeln oder Rollen daraus, die Sie über Nacht im Kühlschrank dann wieder fest werden lassen. Besonders dekorativ sieht so ein Butterstück in einer kleinen Backform oder einem hölzernen »Buttermodel« aus (→ Abb. Tipp-Kasten).

Süßer Kräutergenuss

Aus den Blättern von verschiedenen Minze-Arten und auch denen von Zitronenmelisse können Sie eine ganz besondere Süßigkeit zaubern. Tauchen Sie die gewaschenen und verlesenen Blätter in flüssige Schokolade oder Kuvertüre und lassen Sie sie auf einem Backpapier trocknen. Als Verzierung von Torten, Desserts und Eisbechern sind diese Schoko-Kräuter der Hit! Auch das Aroma von besonders fruchtigen Duftgeranien können Sie in einer süßen Überraschung einfangen. Wenn Sie einen Biskuitboden für eine Torte backen, legen Sie zuerst eine Schicht der duftenden, gewaschenen und abgetrockneten Geranienblätter auf ein Backpapier und streichen anschließend den Teig vorsichtig darauf. Nachdem das Biskuit gebacken ist, ziehen Sie das Backpapier mit den Blättern wieder ab – das Aroma ist mittlerweile in den Teig übergegangen.

Kräuter-Drinks

Tees, Sommerlimonaden, Shakes und coole Drinks zaubern Sie schnell nach einem kurzen Gang in den Kräutergarten oder einem Griff zu den Kräutertöpfen: Minze, Melisse, Waldmeister oder ein kleines Blättchen Wermut würzen Aperitife und Bowlen, Borretsch, Ananas- oder Pfefferminze passen zu Joghurt- oder Milchshakes. Abgekühlter Tee aus Minze, Zitronenverbene und Indianernessel wird an heißen Sommertagen zusammen mit Apfelsaft und ein paar Zitronenscheiben zum erfrischenden Durstlöscher.

Tipp

BLÜTEN RICHTIG VORBEREITEN

Wenn Sie Blüten als Salatdeko verwenden oder eine hübsche Blütenbutter zubereiten wollen, achten Sie darauf, vorher alle kleinen Krabbeltiere zu vertreiben, von denen die bunten Blumen oft bewohnt sind. Decken Sie die Blüten dazu mit Zeitungspapier ab, dann suchen die Tiere schnell das Weite, weil sie zum Licht wandern.

› PRAXIS

Kräuter konservieren und aufbewahren

Damit Sie auch in der kräuterarmen Zeit von der Würze und dem Aroma profitieren und ständig Kräuter-Nachschub haben, konservieren oder trocknen Sie die frisch geernteten Kräuter.

Mit getrockneten und konservierten Kräutern verlängern Sie die Kräutersaison auf das ganze Jahr. Auf diese Weise können Sie die geernteten Pflanzenteile lange aufbewahren und ihr Aroma und ihre Würze länger genießen.

Kräuter richtig trocknen

Das Trocknen von Kräutern an der Luft ist eine traditionelle Methode der Haltbarmachung.

- Die erntefrischen Pflanzenteile breiten Sie für einige Tage locker auf großen Tüchern (oder Backblechen) an einem hellen, luftigen und warmen Ort aus. Oder Sie hängen sie gebündelt kopfüber auf (→ Abb. 1).
- Die Kräuter dürfen weder praller Sonne noch Zugluft ausgesetzt sein.
- Eine »Blitztrocknung« im Backofen dauert nur einige Stunden, wobei die Backofentür einen Spalt breit geöffnet bleiben muss. Die Temperatur darf 35 °C nicht überschreiten.
- Zum Trocknen eignen sich alle Teekräuter und viele Würzkräuter wie Oregano, Rosmarin, Majoran, Salbei, Thymian, Dill, Lorbeer, Koriander, Bohnenkraut oder Basilikum.

Feines mit getrockneten Kräutern

- Für eine mediterrane Gewürzmischung vermischen Sie zu gleichen Teilen getrockneten Thymian, Zitronenthymian, Oregano, Rosmarin (von allen jeweils Blätter und Blüten, wenn möglich) mit einem Teil Salbeiblüten.
- Leckeres Kräutersalz stellen Sie her, indem Sie vier Teile getrocknete Kräuter in einem Mörser fein zerreiben und mit einem Teil Salz vermischen.
- Mit getrockneten Kräutern bereiten Sie außerdem schmackhafte und gesunde Tees zu (→ Seite 86/87).

Gefrorene Kräuter

Einige Kräuter wie Petersilie, Liebstöckel, Pimpinelle, Schnittlauch, Kerbel oder Gartenkresse verlieren beim Trocknen schnell ihr Aroma oder zerfallen zu staubfeinen Bröseln. Für diese Pflanzen bietet sich das Aroma schonende Tiefgefrieren an. Eingefrorene Kräuter halten sich monatelang und schmecken so würzig wie frisch aus dem Garten.
Frieren Sie mehrere Kräuter bereits zerkleinert in Gefrier-

Praxisinfo

LECKERES BASILIKUMPESTO ZUBEREITEN

Das brauchen Sie:

2 Hand voll Basilikum
1 Knoblauchzehe
1 Esslöffel Pinienkerne
5 Esslöffel frisch geriebener Parmesan
Salz, Pfeffer
6–8 Esslöffel Olivenöl

Zubereitung:

Mischen Sie die zerkleinerten Zutaten in einem Mixer, bis eine sämige Masse entsteht. In Gläschen füllen und die Oberfläche mit Olivenöl bedecken. Gläschen sind im Kühlschrank 3–4 Wochen haltbar.

1

äuter trocknen
äuter, die Sie locker gebündelt einem hellen und warmen ɑtz aufhängen, sind meist nach 3 Tagen ausreichend trocken ihre weitere Verwendung.

2

Kräuter einfrieren
Besonders praktisch ist das portionsweise Einfrieren der bereits zerkleinerten Kräuter in Dosen oder Eiswürfelbehältern (mit Wasser) für kräuterarme Zeiten.

3

Kräuter einlegen
Nach 3–5 Wochen filtern Sie das fertige Würzöl von den Kräutern ab und bewahren es in Flaschen gefüllt an einem dunklen und kühlen Platz auf.

dosen ein, die Sie nachher gleich als Würzkombination für bestimmte Gerichte benötigen, z. B. Liebstöckel, Petersilie und Pimpinelle für eine Suppe (→ Abb. 2).

Einlegen in Essig und Öl

Essig und Öl verleihen Kräuter ein besonderes Aroma.

- Zum Abfüllen eignen sich am besten gut verschließbare, braune Flaschen, damit der Inhalt vor Sonnenlicht geschützt wird.
- Waschen Sie die Kräuter gründlich ab.
- Füllen Sie die Flaschen mit Essig bzw. Öl auf und lassen sie 3–5 Wochen stehen.
- Danach abgießen und kühl und dunkel aufbewahren.

In Essig eingelegte Kräuter wie Estragon, Lorbeer, Lavendel-, Kapuzinerkresse- oder Veilchenblüten ergeben eine delikate Salatwürze. Verwenden Sie einen Essig mit mindestens 4 % Säure. Am besten eignet sich ein guter Weißweinessig. Eine Spezialität sind in Essig eingelegte Blütenknospen von Kapuzinerkresse oder Löwenzahn. Eingelegte Knospen von Gänseblümchen ersetzen Kapern.
Auch ganz ausgezeichnete Gewürzöle lassen sich mit Kräutern und deren Blüten herstellen, z. B. aus Knoblauch, Bärlauch, Basilikum, Rosmarin, Thymian, Salbei, Oregano, Zitronenmelisse oder Pfefferminze. Als Grundlage dient ein kalt gepresstes Oliven- oder Sonnenblumenöl.

Hausgemachter Kräuterlikör

Servieren Sie Ihren Gästen doch einmal selbst gemachten Likör aus Zitronenmelisse, Pfefferminze, Waldmeister oder Lavendel! So wird's gemacht:

- Das jeweilige Kraut zu gut zwei Dritteln in eine bauchige Flasche füllen.
- Soviel Wodka, Korn oder Kirschwasser darübergießen, bis alle Pflanzenteile mit Alkohol bedeckt sind.
- Die Flasche nun fünf bis sechs Wochen hell und sonnig aufstellen und anschließend die Pflanzenteile abfiltern.
- Zuckerwasser dazugeben, bis Ihnen Geschmack und Süße zusagen.
- Lagern Sie den Likör kühl – je länger, desto besser wird er.

Wellness aus dem eigenen Garten

Das Schönste an Kräutern ist ihre vielseitige Verwendbarkeit. Als Badezusatz, Creme oder pflegende Körperöle tragen sie viel zu Ihrer Entspannung, Ihrer Gesundheit und Ihrem Wohlbefinden bei.

Neben Würzkraft und Duft ist die Heilkraft eine charakteristische Eigenschaft vieler Kräuter. Traditionelle Kräuterheilkunde ist jahrhundertealt und ebenso die Pflege von Schönheit und Wohlbefinden mithilfe aromatischer Kräuterzubereitungen. Viele alte Hausmittel sind heute wieder aktuell und erfahren eine Neubelebung. Schon mit wenigen Kräutern aus Ihrem Garten lassen sich einige neue oder wieder entdeckte »Wellness«-Grundrezepte leicht und mit wenig Aufwand zubereiten.

Ein selbst gemischter Kräutertee bringt Entspannung und Gesundheit aus dem eigenen Garten.

Ein Tee für alle Fälle

Kräutertees sind das gängigste und bekannteste Mittel, um die wohltuende Wirkung der Kräuter zu erleben. Sie können sowohl mit frischen als auch mit getrockneten Kräutern zubereitet werden. Heiß aufbrühen und kurz ziehen lassen – fertig ist der Kräutergenuss!

Heilkräuter wirken wie folgt:

- beruhigend und entspannend: Zitronenmelisse, Pfefferminze und Lavendel
- entzündungshemmend und entkrampfend: Kamille, Frauenmantel und Pfefferminze
- erkältungslindernd: Thymian, Salbei, Spitzwegerich und Königskerze
- bei Magendrücken und Bauchweh: Kümmel, Fenchel, Dill und Wermut
- erfrischend und belebend: alle Zitronenkräuter (Zitronenmelisse, Zitronenverbene, Zitronengras), Indianernessel, verschiedene Fruchtminzen und Anisagastache.

Kräuter in der Wanne

Für ein Vollbad mit belebendem Kräuterzusatz benötigen Sie 250–500 g getrocknete Kräuter (oder die halbe Menge frische Kräuter). Diese übergießen Sie mit kochendem Wasser und lassen den Aufguss ca. fünf Minuten ziehen. Anschließend schütten Sie das Kräuterwasser durch ein Sieb ins Badewasser.

Damit holen Sie sich Wellness pur in die Badewanne:

- Ein Ringelblumen- oder Kamillenbad pflegt und glättet die Haut.
- Lavendel oder Duftgeranien im Badewasser wirken beruhigend und entspannend auf stressgeplagte Geister.
- Ein Quendel- oder Thymianbad lässt verstopfte Schnupfennasen wieder durchatmen.
- Kalte Füße erwachen in einem Rosmarin- oder Beifußbad zu neuem Leben.

Körper- und Badeöle

Noch konzentrierter wird die Heilkraft der Kräuter in Ölauszügen eingefangen, die als Körper-, Massage- oder Badeöl verwendet werden können. Hautpflegende und wundheilende Kräuteröle lassen sich aus Ringelblume, Kamille, Johanniskraut und Schafgarbe bereiten. Bei Muskelkater hilft Rosmarin-, Johanniskraut-

Das stimmungsaufhellende und heilsame Johanniskraut ist nur eines von vielen Kräutern, das sowohl dem Körper als auch der Seele gut tut. Die gelben Blütchen wirken im Beet besonders zierend.

oder Beifußöl. Quendelöl beruhigt und glättet gereizte Haut.
Die Zubereitung geht leicht:

- Geben Sie zunächst frische oder getrocknete Kräuter locker in ein helles Schraubglas.
- Mit einem kalt gepressten Pflanzenöl (Olive oder Sonnenblume) so weit auffüllen, bis alle mit Öl bedeckt sind.
- Schraubglas gut verschließen und ca. sechs Wochen an der Sonne stehen lassen.
- Durch ein Leinentuch abgießen und in einer dunklen Flasche aufbewahren. Das Öl hält sich etwa ein Jahr lang.

Der Klassiker: Die Ringelblumensalbe

Die Salbe aus den leuchtend gelben und orangefarbenen Ringelblumenblüten ist ein altes Hausmittel, das bei Wunden und Verletzungen, rauhen Händen, aufgesprungenen Lippen, Sonnenbrand und verschiedenen Hautirritationen angewandt wird.
Verwenden Sie kaltgepresstes Pflanzenöl zur Zubereitung:

- 100 ml Öl und 10 g Blüten in einem Topf unter ständigem Rühren mäßig erwärmen bis erste Bläschen aufsteigen. Rühren Sie dann noch ca. 30 Minuten weiter um.
- Die Kräuter durch ein Sieb abgießen, das Öl wieder erwärmen und 10 g Bienenwachskügelchen (Apotheke) unterrühren.
- Ist das Wachs geschmolzen, den Topf vom Herd nehmen und so lange rühren, bis die Mischung handwarm ist. Während des Rührens kann man einige Tropfen eines ätherischen Öls zur Parfümierung dazugeben.
- In saubere Gläschen füllen und mit einem Küchentuch bedeckt abkühlen lassen. Nach dem Erkalten verschließen und kühl aufbewahren. Die Salbe ist ein Jahr haltbar.

❯ FRAGE & ANTWORT

Expertentipps rund um das Ernten von Kräutern

Obwohl frische Kräuter meist nicht ganzjährig zur Verfügung stehen, können Sie doch durch verschiedene Konservierungsmethoden das Aroma beinahe erntefrisch bewahren. Der richtige Umgang mit den Kräutern ist für den Genuss dabei besonders wichtig.

? Ich habe einen Topf mit Basilikum. Wächst es wieder nach, wenn ich die ganzen Triebe abschneide?

Wenn Sie die Stiele von Basilikum beim Ernten ganz unten abschneiden, wächst das Kraut oft nicht mehr nach, weil es als einjährige Pflanze keinen ausdauernden Stock bildet wie Pfefferminze und deshalb aus der im Boden verbleibenden Wurzel nicht mehr austreiben kann. Ernten Sie Ihr Basilikum, indem Sie regelmäßig die Triebspitzen mit einigen Blättern abschneiden oder -abknipsen. Am besten immer kurz über einer Stelle, an der ein weiteres Blattpaar sitzt. Aus den Achseln dieser Blätter treibt die Pflanze dann nämlich wieder aus und verzweigt sich auf diese Weise immer wieder. So geschnittene Pflanzen können meist einen ganzen Sommer lang geerntet werden.

? Sind Kräuterblüten im Essen für alle Menschen bekömmlich? Können Allergiker damit Probleme bekommen?

Bei einem Pollenallergiker sollten Sie auf jeden Fall vorsichtig sein, was Sie ihm frisch aus dem Kräutergarten vorsetzen. Bekannt ist, dass viele Allergiker besonders auf die Mitglieder der Pflanzenfamilie der Korbblütler *(Asteraceae)* wie Ringelblumen empfindlich reagieren. Wenn Sie dennoch einen Versuch mit Kräuterblüten wagen wollen, verwenden Sie nur ausgezupfte Blütenblätter ohne die Staubgefäße der Blüten. Denn nur die Staubgefäße enthalten den reizenden und Allergie auslösenden Blütenstaub.

? Mein Bärlauch fängt im Mai bereits an zu blühen. Sind die Blätter jetzt ungenießbar oder sogar giftig?

Wenn der Bärlauch zu blühen beginnt, wandern die meisten Geschmacksstoffe von den Blättern in die Blüten. Die Blätter werden mit fortschreitender Blütezeit immer weniger aromatisch. Einzelne, junge Blätter von einer solchen Pflanze können Sie immer noch verwenden. Die Haupternte von größeren Blättermengen ist dann allerdings vorbei. Auf keinen Fall sind die Blätter mit Blühbeginn jedoch giftig oder schädlich. Sie schmecken lediglich nicht mehr so würzig und sind auch nicht mehr ganz so zart. Pflücken Sie stattdessen doch einfach ein paar von den zarten Knospen und Blüten und würzen Sie damit – das geht genauso gut!

? Ich habe einen Gewürzfenchel in meinem Garten. Welche Teile der Pflanze kann ich ernten, und wann mache ich das?

Ihre traditionelle und vorrangige Anwendung findet die Fenchelpflanze in der Heilkunde. Für Magen entkrampfenden, entblähenden Tee verwendet man die getrockneten Fenchelsamen. Diese werden erst im Spätsommer geerntet, sobald sie sich braun verfärbt haben. Da der Fenchel jedoch zu einer imposanten Pflanze mit viel Blattmasse und attraktiven Doldenblüten heranwächst, bietet es sich an, auch diese Pflanzenteile von Frühjahr bis Herbst zu verwenden. Frisches Fenchelgrün mit seinem feinen Anisaroma eignet sich hervorragend zum Würzen von Fischgerichten; die Blüten zieren Fischsuppen oder Aufläufe aus leckerem Sommergemüse.

? Ich habe vor etwa 3 Wochen einen Ölauszug mit Johanniskraut angesetzt. Die typische Rotfärbung des Öls bleibt jedoch aus. Was ist passiert?

Zum Ansetzen des heilkräftigen Johanniskrautöls werden in erster Linie Blüten und Knospen des Echten Johanniskrauts verwendet. Ein in ihnen enthaltener Inhaltsstoff färbt das Öl innerhalb weniger Tage rot. Vielleicht haben Sie mehr Blätter als Blüten in Ihren Ansatz gegeben. Überprüfen Sie, ob Sie auch tatsächlich die richtige Pflanze geerntet haben (→ Porträt Seite 108). Es gibt einige heimische Johanniskrautarten, die sich relativ ähnlich sehen. In der Heilkunde findet jedoch nur das Echte Johanniskraut Anwendung.
Ein Ölauszug aus Johanniskraut sollte unbedingt 5–6 Wochen lang an einem sehr sonnigen, hellen Platz stehen, und auch die Pflanzen selbst sollten vor der Ernte ausreichend Sonne und Wärme »getankt« haben. In verregneten Jahren kann es daher passieren, dass die Inhaltsstoffe in den Pflanzen derart »verwässert« sind, dass sogar die typische Rotfärbung des Ölauszugs ausbleibt. Ist das der Fall, ist der Ölauszug qualitativ eher minderwertig und kann seine heilende Wirkung nicht voll entfalten.

? Gibt es eine Pfefferminzsorte, die sich besonders gut zur Zubereitung von Tee aus dem frischen, nicht erst getrockneten Kraut eignet?

Aus dem nahezu unerschöpflichen Sortiment an Minzesorten einzelne auszuwählen, die als frischer Tee besonders gut schmecken, bleibt natürlich in erster Linie Ihren persönlichen Geschmacksvorlieben überlassen. Generell sind jedoch alle Sorten der Krauseminze (→ Porträt Seite 110) ausgesprochen empfehlenswert für diesen Zweck. So werden z. B. auch zur Zubereitung des süßen, frischen Minztees, wie er in arabischen Ländern oft angeboten wird, meistens Krauseminze-Sorten verwendet. Für eine Kanne Tee sind drei bis fünf Stängel ausreichend. Sie werden genauso mit kochendem Wasser überbrüht wie die getrockneten Teekräuter. Den frischen Tee lassen Sie etwas länger ziehen, ca. 10–15 Minuten.

? Meine Zitronenmelisse hat braune Punkte und Flecken auf den Blättern. Kann ich sie dennoch für Tee verwenden?

Wahrscheinlich ist Ihre Zitronenmelisse von einer Pilzkrankheit befallen. Verwenden Sie solche Blätter und Pflanzenteile nicht mehr zur Teezubereitung oder zum Kochen und Würzen, da nur gesundes und einwandfreies Pflanzenmaterial in Tasse oder Teller wandern sollte. Schneiden Sie die befallenen Pflanzenteile ab und entsorgen sie (nicht auf den Kompost!). Mit einer guten Hand voll von nicht ganz so stark befallenen Trieben gönnen Sie sich dann nach getaner Gartenarbeit zum Trost noch ein erfrischendes Melissenbad!

? Ich habe Spitzwegerichblätter abgeschnitten und getrocknet. Jetzt sind sie alle ganz schwarz geworden. Kann ich sie trotzdem verwenden?

Spitzwegerichblätter bestehen aus sehr zähen Pflanzenfasern und enthalten viel Wasser. Sie sollten besonders sorgsam getrocknet werden, d. h. sie sollten unbedingt locker ausgebreitet werden und dürfen auf keinen Fall aufeinander liegen. Achten Sie darauf, dass sie während des Trocknens keinesfalls der prallen Sonne ausgesetzt sind. Wichtig ist auch, dass sie lange genug trocknen, bevor sie in Dosen o. ä. verpackt werden. Durch den hohen Wasser- und Schleimgehalt der Blätter verändern sonst beim mangelhaften Trocknen chemische Prozesse bestimmte Inhaltsstoffe in den Pflanzenteilen, was zu einer Schwarzverfärbung der Blätter führt. Bereits schwarz verfärbte Blätter sollte man nicht mehr für den Erkältungs- und Hustentee verwenden, sondern wegwerfen und stattdessen lieber neue sammeln.

Was tun, wenn …

… die Pfefferminze im Kräuterbeet immer mehr wuchert und alle anderen Kräuter verdrängt?

Ursache:

Der Boden, in dem die Pfefferminze wächst, ist zu nahrhaft und zu feucht.

› Maßnahme:

Pfefferminze darf in keinen allzu nahrhaften und feuchten Boden gesetzt werden; dort »explodiert« sie förmlich! Schneiden Sie sie regelmäßig zurück, auch dann, wenn Sie das abgeschnittene Kraut nicht als Erntegut verwenden wollen. Die niederliegenden Triebe ungeschnittener Pfefferminzpflanzen bilden sonst recht schnell wieder Wurzeln aus und erobern so Quadratmeter für Quadratmeter im Kräutergarten und verdrängen dabei andere Pflanzen. Eine gute Möglichkeit, dem Ausbreitungsdrang Einhalt zu gebieten, ist folgende: Setzen Sie die Pfefferminze in einen großen Tontopf und pflanzen Sie sie mitsamt dem Topf ins Beet ein. Der obere Topfrand sollte dabei bodeneben im Erdreich sitzen. Eine andere Möglichkeit ist, den Boden »abzumagern«, indem Sie beim Pflanzen 4–6 Handschaufeln Sand mit ins Pflanzloch geben.

… Basilikum kümmerlich aussieht und kaum wächst?

Ursache:

Dem Basilikum ist es zu kalt und das Substrat ist zu feucht.

› Maßnahme:

Basilikum stammt ursprünglich aus Asien und ist daher extrem wärmebedürftig. Die mitteleuropäischen kühlen und regnerischen Sommer sind für diese Pflanze oft eindeutig zu kalt, insbesondere für anspruchsvolle Sorten wie das Thai-Basilikum. Besser als im Beet gedeiht Basilikum im Topf, den Sie dann nach Bedarf regen- und kältegeschützt aufstellen können.

… wenn Bärlauch dicht neben giftigen Maiglöckchen wächst und Verwechslungsgefahr besteht?

Ursache:

Bärlauch und Maiglöckchen haben ähnliche Blätter.

› Maßnahme:

Am sichersten ist die Geruchsprobe! Beim Bärlauch verströmt die ganze Pflanze – spätestens beim Zerkleinern und Zerreiben – ein intensives Knoblauch-Aroma: Blätter, Blüten, Zwiebeln duften ausnahmslos und stark nach »Knofel«. Außerdem wächst beim Bärlauch an einem Blattstiel, der direkt aus dem Boden kommt, immer nur ein einzelnes Blatt, beim Maiglöckchen sind es zwei. Wenn Sie die Pflanze vorsichtig aus dem Boden ziehen, finden Sie beim Bärlauch eine Zwiebel vor, beim Maiglöckchen ein dichtes Wurzelgeflecht mit weißen Spitzen.

... wenn Kräuter, die im Haus überwintert wurden, viele dünne, lange und schwache Triebe bilden oder die Blätter abwerfen?

Ursache:

Die Kräuter haben einen zu warmen oder zu dunklen Winterplatz im Haus.

› Maßnahme:

Kräuter wie Rosmarin, Lorbeer oder Zitronenverbene, die bei uns am besten im Haus überwintert werden, sollten frostfrei (ca. 5 °C, nicht wärmer als 10 °C) und möglichst hell stehen. Ein heller Fensterplatz in einem kaum geheizten Zimmer, z. B. einem wenig benutzten Gästezimmer, ist ideal. Meistens ist es in unseren Wohnräumen allerdings zu warm und gleichzeitig nicht hell genug. Die Pflanzen, die eigentlich eine Wachstumspause einlegen sollten, treiben dann dünne und schwache Triebe, die der Lichtmangel blass und langgestreckt macht. Durch dermaßen untypisches Wuchsverhalten geschwächte Pflanzen werden auch eine leichte Beute für Schädlinge, z. B. Schildläuse. Schneiden Sie solche dünnen »Wintertriebe« auf jeden Fall sofort zurück, stellen Sie den Topf nach Möglichkeit kühler, schränken Sie das Gießen noch mehr ein und kontrollieren Sie die Pflanze auf Schädlingsbefall. Werfen Kräuter im Winterquartier die Blätter ganz ab, ist es ihnen wahrscheinlich zu dunkel. Bei sommergrünen Pflanzen wie Duftpelargonie oder Zitronenverbene ist das nicht weiter schlimm; sie können sehr gut auch dunkel überwintert werden (dann allerdings bei Temperaturen um die 5 °C) und treiben im Frühjahr bei mehr Licht nach einem Rückschnitt wieder frisch aus. Immergrüne Pflanzen wie Lorbeer oder Rosmarin jedoch sollten, wenn möglich, einen hellen Winterplatz bekommen. Denn wenn diese Kräuter einmal ihr ganzes Laub abgeworfen haben, dauert es einige Wochen, wenn nicht gar Monate, bis aus der zurückgeschnittenen und neu austreibenden Pflanze wieder ein ansehnliches Exemplar wird. Wer kein passendes Plätzchen für die Wintergäste hat, kann in Gärtnereien in der Umgebung nach einem Winterplatz für seine Topfpflanzen fragen. Gegen Bezahlung können Sie dort Ihre Pflanzen in den Gewächshäusern überwintern. Die Gärtner kümmern sich mit bestem Know-how um Ihre Kräuter, bis Sie sie im Frühjahr wieder abholen, um Ihren Topfgarten wieder für die neue Gartensaison vorzubereiten.

... wenn Kräuter nicht keimen wollen?

Ursache:

Die Samen waren nicht mehr frisch genug.

› Maßnahme:

Kräutersamen verlieren schnell ihre Keimfähigkeit. Verwenden Sie deshalb immer frisches Saatgut. Manche Kräuter haben eine ausgesprochen lange Keimdauer, z. B. Petersilie, bei der es schon mal 5–6 Wochen dauern kann, bis alle Samen gekeimt sind. Andere hingegen, wie die Kresse, keimen innerhalb weniger Tage. Achten Sie deshalb immer darauf, Ihre Aussaaten so lange gleichmäßig feucht zu halten, bis etwa 80 % der Samen aufgegangen sind. Sie dürfen auf keinen Fall zwischendurch austrocknen. Hilfreich ist hier eine so genannte »Markiersaat« mit Radieschen: Säen Sie gleichzeitig mit den Kräutern Radieschensamen in jede einzelne Saatreihe. Die Radieschen keimen schnell und markieren den Ort, wo gegossen werden muss, damit auch die Kräuter noch grüne Blättchen treiben. Sind die Kräuterpflänzchen schließlich deutlich zu erkennen, zupfen Sie die Radieschenpflanzen einfach heraus.

3

Porträts

Welche Kräutergruppen gibt es?

Auf den folgenden Seiten des Porträtteils wird eine repräsentative Auswahl aus dem Kräuter-Grundsortiment vorgestellt, die sich im Gartenfachhandel problemlos beziehen lässt.

Ob im Gartencenter, auf Gartenmärkten oder in Spezialgärtnereien: Kräuter bekommen Sie, je nach der Ausgefallenheit Ihres Kräuterwunsches, dank der Popularität dieser Pflanzen beinahe überall. Besonderheiten und Raritäten sind oft in einem Versandhandel für Kräuter und Saatgut leichter erhältlich als vor Ort. Von einigen Kräutergattungen wie Salbei, Minze oder Duftpelargonie gibt es inzwischen eine solche Vielzahl an Sorten und Arten, dass sie bereits eigene Kataloge füllen. Stöbern Sie selbst in Gartenkatalogen und Fachzeitschriften oder im Internet, um die hier aufgeführte Pflanzenauswahl zu ergänzen.

Einjährige Kräuter wie Kamille oder Borretsch säen sich gerne jedes Jahr selbst neu aus.

Die Einteilung des Porträtteils

- Der erste Teil des Porträtteils (→ Seite 96–103) behandelt ein- und zweijährige Kräuter, die jedes Jahr bzw. alle zwei Jahre neu ausgesät werden müssen.
- Im zweiten Teil (→ Seite 104–115) geht es um mehrjährige Kräuter. Dazu zählen Halbsträucher, heimische Wildkräuter oder mediterrane, wärmeliebende Kräuter.

Einteilung der Pflanzenporträts

Die Porträts der einzelnen Kräuter sind zur besseren Übersicht wie folgt unterteilt:

- Auf den deutschen Pflanzennamen, z. B. Salbei, folgt die international gültige lateinische Bezeichnung, auch botanischer Name genannt, z. B. *Salvia officinalis*. Nach ihr werden die Kräuter meist auf Pflanzenetiketten im Fachhandel, in Katalogen, Saatgutlisten und in Büchern aufgeführt und geordnet. Bei den Namen in einfachen Anführungszeichen handelt es sich um Sorten, z. B. *Salvia officinalis* 'Tricolor' mit weiß-purpur-graufarbigem Laub.
- Der Familienname teilt die Pflanzen in Gruppen ein und gibt einen ersten Aufschluss über das Aussehen.
- Die anschließenden Höhen- und Breitenangaben geben Ihnen eine Vorstellung vom Platzbedarf der Pflanze und erleichtern die Planung von Beeten, Pflanzungen, Kästen und Kübeln. Bei den angegebenen Zahlen handelt es sich um Mittelwerte; je nach Sorte, Standort und Boden wird es Abweichungen geben.
- Die darunter folgenden Angaben zur Erntezeit können je nach Region und Klima schwanken.
- Die Lebensform informiert darüber, ob die Pflanze ein-, zwei- oder mehrjährig ist.
- Die Symbole weisen auf einen Blick auf die wichtigsten Bedürfnisse der Pflanze und auf ihre Eigenschaften bezüglich Lagerung und Verwertung hin. Darüber hinaus geben sie zusätzlich über Besonderheiten, z. B. attraktive Blüte, Auskunft.

Beete mit mehrjährigen Kräutern entwickeln sich im Lauf der Jahre zu zauberhaften Gartenplätzen mit ganz eigenem Charme und Charakter. Sie beleben den Garten über viele Jahre.

- Abschließend werden besondere Vorzüge der Pflanzen erläutert oder eine spezielle Empfehlung hinsichtlich ihres Anbaus gegeben.

Die Porträttexte

Aussehen: typische Erkennungsmerkmale der Pflanze wie Wuchsart, Blatt-, Blütenform und -farbe sowie Geruch
Boden: Bodenart und Bodenbeschaffenheit bzw. bei Topfpflanzen das Substrat, in dem die Pflanze am besten wächst
Anbau/Pflege: Hinweise zur Vermehrungsart der Pflanzen, zu Aussaatzeiten, Pflanzterminen sowie Pflegetipps
Ernte: Angaben zur Erntetechnik (welche Teile der Pflanzen Sie zu welchem Zeitpunkt schneiden)
Verwendung: Beschreibung vielfältiger Verwendungsmöglichkeiten der geernteten Pflanzenteile für Küche, Heilkunde und Kräuterpflege
Gestaltung: Tipps und Anregungen, ob sich die Pflanze für einen bestimmten Gartenbereich oder als Topfpflanze besonders gut eignet
Sorten/Arten: Besonders schöne oder auffällige Sorten oder verwandte Arten
Andere Namen: weitere gebräuchliche deutsche Namen

Die verwendeten Symbole:
☼ Pflanze bevorzugt Sonne
◑ Pflanze verlangt Halbschatten
● Pflanze für den Schatten
Viel gießen (täglich)
Mäßig gießen (alle 3–4 Tage)
Wenig gießen (nur bei längerer anhaltender Trockenheit, z. B. im Hochsommer)
Die Pflanze kann gut im Topf kultiviert werden.
Die Pflanze hat schöne, dekorative Blüten.
❄ Das Kraut kann eingefroren werden.
Das Kraut ist zum Trocknen geeignet.

Ein- und zweijährige Kräuter

Ein- und Zweijährige müssen jedes Jahr bzw. alle zwei Jahre neu ausgesät werden, da sie bei uns nicht winterhart sind oder nur einen kurzen Lebenszyklus haben. Aber die aromatische Pflanzenvielfalt lohnt die Mühe!

Viele der ein- und zweijährigen Kräuter wie Kerbel, Koriander, Dill, Gartenkresse oder Rucola lassen sich hervorragend auch auf kleinen Beeten oder in schönen Pflanzgefäßen ziehen. Auch Terrassen- und Balkongärtner mit wenig Platz kommen so ganz leicht und immer griffbereit an frisches Würzgrün.

Ausgesprochen dekorative Blüher finden sich ebenfalls unter den Ein- und Zweijährigen, wie Ringelblume, Borretsch, Königskerze oder Gewürztagetes. Diese Pflanzen lassen sich problemlos in bunte Stauden- oder Sommerblumenmischungen integrieren und brauchen nicht unbedingt ein eigenes Kräuterbeet.

Ringelblumen und Dill setzen während der gemeinsamen Blütezeit Glanzpunkte in die Kräuterbeete.

Anis

Pimpinella anisum

FAMILIE: Doldenblütler (*Apiaceae*)
HÖHE/BREITE: 40–60/20 cm
ERNTEZEIT: September
einjährig

würzig duftendes Kraut

Aussehen: zarter würzig duftender Doldenblütler mit fein gefiedertem Laub und kleinen, weißen Blüten
Boden: nährstoffreich; warm, leicht
Anbau/Pflege: Aussaat im März/April direkt ins Freie, nach 4–5 Wochen vereinzeln; den Platz alle paar Jahre wechseln
Ernte: reife, braune Samen ernten
Verwendung: reife, getrocknete, zerriebene Samen eignen sich zum Aromatisieren von Likör und verdauungsfördernden Aperitifen sowie zum Würzen von Brot und Gebäck und von indischen, chinesischen und mediterranen Gerichten
Gestaltung: der zarte Doldenblütler wirkt besonders hübsch in bunten Sommerblumenbeeten zusammen mit Kornblumen, Leberbalsam und Margeriten

Sonne Halbschatten Schatten viel gießen mäßig gießen

Basilikum
Ocimum basilicum

FAMILIE: Lippenblütler (*Lamiaceae*)
HÖHE/BREITE: 20–50/20 cm
ERNTEZEIT: Juni – September
einjährig

wärmeliebendes »Sonnenkind«

Aussehen: buschige, intensiv duftende Pflanze mit oval-rundlichen Blättern an kantigen Stängeln und mit weißen Lippenblüten
Boden: humos, sandig-lehmig, nährstoffreich, warm; gedeiht in kalten, nassen Sommern besser im Topf
Anbau/Pflege: ab März Aussaat an der Fensterbank oder ins warme Frühbeet (Lichtkeimer!); ab Mitte Mai in Töpfe pikieren oder direkt ins Freie setzen; Schneckenschutz!
Ernte: laufend frische junge Blätter und Triebspitzen; am aromatischsten vor der Blüte; Blüten sind essbar
Verwendung: frische Blätter, Triebspitzen, Blüten für Salate, Suppen, Soßen, Fleisch- und Gemüsegerichte, Pasta, Würzöl, Brotaufstriche, Pesto, Kräuterbutter
Gestaltung: für Topf & Co.
Sorten/Arten: Zitronenbasilikum *(O. basilicum* 'Lemon'); Rotblättriges Basilikum *(O. basilicum* 'Opal')

Bohnenkraut
Satureja hortensis

FAMILIE: Lippenblütler (*Lamiaceae*)
HÖHE/BREITE: 30–40/20 cm
ERNTEZEIT: Juni – September
einjährig

intensiv pfeffriges Aroma

Aussehen: buschige Pflanze mit zarten, spitz-länglichen Blättern an reich verzweigten Stängeln und mit hellvioletten Blüten; ganze Pflanze duftet intensiv aromatisch
Boden: anspruchslos, am liebsten humos, durchlässig
Anbau/Pflege: ab April in Saatschalen an der Fensterbank oder ab Mai direkt ins Freie aussäen, dann am besten zwischen Busch- oder Stangenbohnen; Samen nur dünn mit Erde bedecken (Lichtkeimer!)
Ernte: laufend frische junge Blätter und Triebe ernten; am aromatischsten vor der Blüte
Verwendung: pfeffrig-scharfes Kraut zu herzhaften Speisen, Bohnengerichten, Eintöpfen; sollte mit den Speisen mitgekocht werden
Gestaltung: für Töpfe & Co.
Sorten/Arten: *S. hortensis* 'Compactum' wächst besonders buschig

Borretsch
Borago officinalis

FAMILIE: Raublattgewächse (*Boraginaceae*)
HÖHE/BREITE: 60–80/20 cm
ERNTEZEIT: Juni – September
einjährig

blauer Dauerblüher

Aussehen: locker verzweigte Pflanze mit fleischigem Stängel, elliptischen Blättern und blauen, sternförmigen Blüten; ganze Pflanze ist rau behaart
Boden: ausreichend feucht, nährstoffreich, kalkhaltig
Anbau/Pflege: ab April direkt ins Freie säen; Samen gut mit Erde bedecken (Dunkelkeimer); versamt sich auch stark von selbst; nicht zu dicht pflanzen, sonst Gefahr von Mehltaubefall!
Ernte: laufend junge Blätter und Triebspitzen, Blüten auch essbar
Verwendung: junge Blätter und Triebspitzen mit gurkenähnlichem Aroma stets frisch verwenden, nicht mitkochen! Für Salate, Suppen, Soßen, Eierspeisen, Mixgetränke, Fruchtspeisen, Desserts; Blüten als essbare Deko; größere Blätter können in Teig ausgebacken werden
Andere Namen: Gurkenkraut

wenig gießen | Topfhaltung möglich | schöne Blüten | einfrieren möglich | trocknen möglich

Dill

Anethum graveolens

FAMILIE: Doldenblütler (*Apiaceae*)
HÖHE/BREITE: 60–120/20 cm
ERNTEZEIT: Juli – September
einjährig

duftiger Schmetterlingsmagnet

Aussehen: Pflanze mit kräftigem, hohlem Stängel, fein gefiedertem Laub und gelben Blüten
Boden: nahrhaft, humos, ausreichend feucht
Anbau/Pflege: Aussaat ab April direkt ins Freie; Jungpflanzen lassen sich schlecht verpflanzen, da sie sehr lange und fein verzweigte Wurzeln haben; Platz alle paar Jahre wechseln
Ernte: laufend Blätter und junge Stängel sowie Blüten, im Herbst reife braune Samen ernten
Verwendung: Stängel, Blätter und Blüten frisch verwenden und nicht mitkochen! Für Salate, Suppen, Soßen, Marinaden, Fischgerichte; getrocknete Samen zum Einlegen von Gurken oder für Tee
Gestaltung: schön in duftigen, naturnahen Staudenpflanzungen
Sorten/Arten: *A. graveolens* 'Fernleaf' niedriger, mehr Laubernte, da spät blühend

Fenchel

Foeniculum vulgare

FAMILIE: Doldenblütler (*Apiaceae*)
HÖHE/BREITE: 150–200/60 cm
ERNTEZEIT: Juli – September
zwei- oder mehrjährig

imposante Solitärstaude

Aussehen: große Staude mit fedrigem, fein zerteiltem Laub und gelben Doldenblüten; ganze Pflanze mit anisartigem Aroma
Boden: tiefgründig (Pfahlwurzel!), wasserdurchlässig, nährstoffreich, kalkhaltig
Anbau/Pflege: Aussaat ab April/ Mai direkt ins Freie; versamt sich auch gut von selbst
Ernte: frisches Laub und Triebspitzen können laufend geerntet werden; die Samen ernten, wenn sie sich braun verfärbt haben
Verwendung: frisches Kraut für Salate, Fisch- und Tomatensuppen, Soßen, Marinaden, Fischgerichte, Kartoffelgerichte; getrocknete Samen zum Würzen von Brot und Gebäck, für blähungswidrigen Tee
Gestaltung: rotlaubiger Bronzefenchel im Staudenbeet sehr attraktiv
Sorten/Arten: Bronzefenchel *(F. vulgare* var. *rubrum)* rotbraunes Laub

Garten-Melde

Atriplex hortensis

FAMILIE: Meldengewächse (*Chenopodiaceae*)
HÖHE/BREITE: 100–200/30 cm
ERNTEZEIT: Mai – September
einjährig

alte Kulturpflanze

Aussehen: einstielige, große Pflanze mit gestielten, spießförmigen, blaugrünen Blättern, die wie mit Mehl bestäubt aussehen, und mit unscheinbaren grünlichen Blüten
Boden: anspruchslos, am liebsten etwas nährstoffreich, nicht zu trocken und durchlässig;
Anbau/Pflege: Aussaat ab März/ April in Reihen direkt ins Beet
Ernte: ständig junge Blätter und Triebspitzen bis kurz vor der Blüte ernten
Verwendung: frische Blätter und Triebspitzen wie Spinat verwenden für Soßen, Suppen, Gemüsegerichte, Eintöpfe, Aufläufe; sehr alte Kulturpflanze
Gestaltung: rotlaubige Sorte ist Blickfang im Kräuter- oder Staudenbeet
Sorten/Arten: Rotblättrige Melde *(A. hortensis* var. *rubra)*; Guter Heinrich *(Chenopodium bonus-henricus)* mit ähnlicher Verwendung

Sonne · Halbschatten · Schatten · viel gießen · mäßig gießen

Gewürztagetes
Tagetes tenuifolia

FAMILIE: Korbblütler (*Asteraceae*)
HÖHE/BREITE: 25/20 cm
ERNTEZEIT: Juni – Oktober
einjährig

Dauerblüher bis zum Frost

Aussehen: niedriger, kompakter Busch mit filigranen, schmalen Blättern und orangefarbenen oder gelben Blüten; würziger Blattduft
Boden: humos, nährstoffreiches Substrat
Anbau/Pflege: ab März Aussaat in Pflanzschalen auf der Fensterbank oder ab April/Mai direkt ins Freie; unbedingt vor Schnecken schützen (v. a. die Jungpflanzen)! Regelmäßiges Auszupfen der verblühten Blüten garantiert eine lange Blütezeit.
Ernte: laufend frische Blüten ernten
Verwendung: frische Blüten als essbare, würzige Deko für Salate, Suppen, Eier- und Gemüsegerichte, Pasta
Gestaltung: gut geeignet für Töpfe, Schalen, Balkonkästen oder als niedrige Beeteinfassung
Sorten/Arten: *T. tenuifolia*-Sorten 'Red Gem' rot blühend, 'Orange Gem' orange blühend, 'Lemon Gem' zitronengelb blühend

Kamille
Chamomilla recutita

FAMILIE: Korbblütler (*Asteraceae*)
HÖHE/BREITE: 20–50/25 cm
ERNTEZEIT: Mai/Juni
einjährig

aromatische Heilpflanze

Aussehen: niedrige, fein verzweigte Pflanze mit schmalen Blättchen und gelb-weißen Korbblüten; echte Kamille hat im Inneren des gelben Blütenbodens einen Hohlraum; aromatisches Kraut
Boden: nährstoffarm, trocken; warm
Anbau/Pflege: am besten im August/September direkt ins Beet säen, Samen nur knapp mit Erde bedecken (Lichtkeimer!); Jungpflanzen überwintern, im folgenden Jahr reichliche Blütenernte
Ernte: Blüten (mit obersten Blättchen) 3–4 Tage nach dem Aufblühen ernten
Verwendung: frische und getrocknete Blüten für entspannenden, entzündungshemmenden Tee bei Magenschmerzen, Bauchweh, Erkältung, Halsentzündung
Gestaltung: gut in Töpfen & Co.
Sorten/Arten: Römische Kamille *(Anthemis nobilis)* mehrjährig, fruchtiges Aroma

Kapuzinerkresse
Tropaeolum majus

FAMILIE: Kapuzinerkressegewächse (*Tropaeolaceae*)
HÖHE/BREITE: 25–250/45 cm
ERNTEZEIT: Juni – Oktober
einjährig

rankender Dauerblüher

Aussehen: rankende oder kriechende Pflanze (es gibt auch kompakt wachsende Sorten) mit fast kreisrunden, blaugrünen Blättern und gelb-orangefarbenen Blüten
Boden: sandig-lehmig, leicht kalkhaltig, eher mager; warm
Anbau/Pflege: ab April in Saatschalen an der Fensterbank, ab Ende April/Anfang Mai ins Freie säen; während der Wachstumszeit gut gießen
Ernte: laufend junge Blätter, Blüten, Knospen, grüne Samen ernten
Verwendung: junge Blätter und Blüten mit würzig-pfeffrigem Aroma frisch für Blatt- und Fruchtsalate, Quark- und Eiergerichte, Kräuterbutter; Knospen und grüne Samen wie Kapern in Essig einlegen
Gestaltung: in Hängeampeln; Beranken von Zäunen; auf Baumscheiben
Sorten/Arten: *T. majus* 'Empress of India' ist eine rot-orange blühende Zwergsorte.

wenig gießen · Topfhaltung möglich · schöne Blüten · einfrieren möglich · trocknen möglich

Kerbel

Anthriscus cerefolium

FAMILIE: Doldenblütler (*Apiaceae*)
HÖHE/BREITE: 25–50/20 cm
ERNTEZEIT: Mai – August
einjährig

kältetolerantes Gewürzkraut

Aussehen: stark verzweigte Pflanze; hellgrüne, gefiederte, weiche Blätter mit feinem Anis-Aroma; weiße Doldenblüten
Boden: locker, humos, tiefgründig (Wurzeln bis 30 cm tief), leicht feucht; keine Staunässe!
Anbau/Pflege: ab Ende März direkt ins Freie säen, Samen nur leicht mit Erde bedecken (Lichtkeimer!); am besten mehrere Folgesaaten pro Jahr; nach 2–3 Jahren den Standort wechseln; bei halbschattigem, leicht feuchten Standort verzögert sich die Blüte und es können über einen längeren Zeitraum Blätter geerntet werden
Ernte: junge Blätter und ganzes Kraut vor der Blüte ernten
Verwendung: junge Blätter frisch für Salate, Suppen, helle Soßen, Eier-, Lamm- und Fischgerichte; nicht mitkochen!
Sorten/Arten: Rotlaubiger Wiesenkerbel *(A. sylvestris* 'Ravens Wing')

Königskerze

Verbascum densiflorum

FAMILIE: Braunwurzgewächse (*Scrophulariaceae*)
HÖHE/BREITE: 150–200/60 cm
ERNTEZEIT: Juli – September
einjährig

imposante Blütenstaude

Aussehen: große Pflanze mit bodennaher Blattrosette und kerzenähnlichem Blütenstand, an dem leuchtend gelbe Einzelblüten sitzen; ganze Pflanze grauwollig behaart
Boden: kalkhaltig, nährstoffreich; warm
Anbau/Pflege: am besten Jungpflanzen im Frühjahr setzen; im ersten Jahr wird eine Blattrosette gebildet, im nächsten Jahr die Blüte; versamt sich gerne von selbst
Ernte: die voll erblühten Einzelblüten werden laufend geerntet
Verwendung: sorgsam getrocknete Blüten für süß-aromatischen, schleimlösenden Erkältungstee; einzelne frische Blüten für Salate
Gestaltung: schön in Trocken- und Kiesbeeten mit Lavendel, Salbei, Dost, Edeldisteln, Goldrute
Sorten/Arten: Seidenhaar-Königskerze *(V. bombyciferum)*; Kandelaber-Königskerze *(V. olympicum)*

(Blatt-)Koriander

Coriandrum sativum 'Cilantro'

FAMILIE: Doldenblütler (*Apiaceae*)
HÖHE/BREITE: 30–60/20 cm
ERNTEZEIT: Juni – August
einjährig

wärmeliebendes Gewürzkraut

Aussehen: fein verzweigte Pflanze mit dunkelgrünen Blättchen und weißen Doldenblüten
Boden: leicht, kalkhaltig; warm
Anbau/Pflege: ab März direkt ins Freie säen; am besten mehrere Folgesaat pro Jahr; nach 2–3 Jahren den Standort wechseln
Ernte: frische Blätter und ganzes Kraut vor der Blüte ernten; reife Samen ernten, wenn sie sich braun verfärben
Verwendung: junge Blätter frisch für Salate, Gemüse-, Fleisch-, Fisch- und Geflügelgerichte, Mixgetränke; getrocknete Samen als Würze für Brot und Gebäck, Bratensoßen, Wildbeizen, Rot- und Weißkraut, Hackfleischgerichte, Liköre
Gestaltung: eignet sich gut zum Anbau in Töpfen oder Schalen
Sorten/Arten: Körner-Koriander *(Coriandrum sativum)*, v. a. Ernte der Samen

Sonne · Halbschatten · Schatten · viel gießen · mäßig gießen

(Garten-)Kresse

Lepidium sativum

FAMILIE: Kreuzblütler (*Brassicaceae*)
HÖHE/BREITE: 10–40/5–10 cm
ERNTEZEIT: Mai – Oktober
einjährig

ideal für Zimmerkultur

Aussehen: zierliche Pflanze mit länglichen, geteilten Blättern und unscheinbaren, kleinen, weißen Blüten
Boden: relativ anspruchslos, humos, durchlässig
Anbau/Pflege: ab März Aussaat im Freien; am besten mehrere Folgesaaten pro Jahr; nach 2–3 Jahren Standort wechseln; kann auf Pflanzschalen am Fenster oder feuchtem Vliespapier kultiviert werden
Ernte: Keimlinge und frische, junge Blätter vor der Blüte ernten
Verwendung: Keimlinge und junge Blätter frisch für Salate, Brotaufstriche, Kräuterbutter und -quark, Eier- und Käsegerichte, Räucherfisch
Gestaltung: gut geeignet für Anbau in Töpfen, Schalen, Balkonkästen und in lustigen »Kressetieren«
Sorten/Arten: Brunnenkresse *(Nasturtium officinale)* muss ständig feucht gehalten werden.

Kümmel

Carum carvi

FAMILIE: Doldenblütler (*Apiaceae*)
HÖHE/BREITE: 60–100/20 cm
ERNTEZEIT: Juli – August
zweijährig

herzhafte Gewürzpflanze

Aussehen: verzweigte Pflanze mit dunkelgrünen, feinen, nadelartigen Blättern und weißen Doldenblüten
Boden: leicht, humos, kalkhaltig; warm
Anbau/Pflege: ab Anfang April direkt ins Freie säen; Samen nur leicht mit Erde bedecken (Lichtkeimer!); am besten mehrere Folgesaaten pro Jahr; nach 2–3 Jahren Standort wechseln
Ernte: reife Samen ernten, wenn sie sich braun verfärben; frische, junge Blättchen
Verwendung: getrocknete (zerriebene) Samen als Gewürz für Brot und Gebäck, schwere Fleischgerichte und Braten, Gulasch, Rot- und Weißkraut, Kartoffelgerichte, Eintöpfe; Liköre und Magenbitter; entkrampfenden und blähungswidrigen Tee; junges Blattgrün frisch zum Würzen von Salaten, Suppen und Soßen
Sorten/Arten: Indischer Kümmel *(C. copticum)*

Löffelkraut

Cochlearia officinalis

FAMILIE: Kreuzblütler (*Brassicaceae*)
HÖHE/BREITE: 10–40/20 cm
ERNTEZEIT: ganzjährig
zweijährig

Vitamin-C-reiches Gewürzkraut

Aussehen: kleines Kraut mit glänzenden, wintergrünen, löffelförmigen Blättern und unscheinbaren, weißen Blüten, die angenehm süßlich duften
Boden: nährstoffreich, humos, ständig leicht feucht
Anbau/Pflege: Aussaat im März/April direkt ins Freie; versamt sich an ausreichend feuchten Plätzen gerne von selbst
Ernte: laufend frische, junge Blätter ernten; im Winter mit Vlies abdecken, dann ist Ernte auch während der Wintermonate möglich
Gestaltung: passt besonders gut in die Feuchtzone am unteren Ende einer Kräuterspirale
Verwendung: junge Blätter frisch (nicht mitkochen!) wie Kresse verwenden, für Salate, Brotaufstriche, Kräuterbutter und -quark, Eier- und Käsegerichte, Mixgetränke mit Joghurt oder Buttermilch

wenig gießen · Topfhaltung möglich · schöne Blüten · einfrieren möglich · trocknen möglich

Majoran
Origanum majorana

FAMILIE: Lippenblütler (*Lamiaceae*)
HÖHE/BREITE: 15–30/20 cm
ERNTEZEIT: Juni – August
einjährig

Bienenweide

Aussehen: zierliche, stark verzweigte Pflanze mit kleinen, graugrünen, leicht behaarten Blättern; kugelige Blütenstände mit kleinen, rosaweißen Blütchen; ganze Pflanze aromatisch duftend
Boden: humos, nährstoffreich, locker; warm
Anbau/Pflege: Aussaat ab März ins Frühbeet oder in Saatschalen am Fenster; ab Mai direkt ins Freie; Samen nur wenig mit Erde bedecken (Lichtkeimer!); frostempfindlich, daher bei Kälteeinbrüchen abdecken
Ernte: frische, junge Blätter und Triebspitzen, das ganze Kraut (zum Trocknen kurz vor der Blüte), gerade aufgegangene Blüten und Samen ernten
Verwendung: Blätter, Triebspitzen, ganzes Kraut, (Blüten) frisch oder getrocknet für deftige Fleischspeisen (Hackfleisch, Gulasch, Lamm, Gans), Kartoffelgerichte, Eintöpfe, Suppen, magenstärkenden Tee

Petersilie
Petroselinum crispum

FAMILIE: Doldenblütler (*Apiaceae*)
HÖHE/BREITE: 20/20–30 cm
ERNTEZEIT: Mai – November
zweijährig

sehr lange Keimdauer

Aussehen: frischgrünes Kraut mit gefiederten, gekrausten oder glatten Blättern; gelbe Doldenblüten im Juni (im zweiten Standjahr)
Boden: humos, nährstoffreich, durchlässig, nicht zu trocken
Anbau/Pflege: Aussaat ab März ins Frühbeet, ab Ende April direkt ins Freie, nicht verpflanzen; gleichmäßig feucht halten; Anbaufläche von Jahr zu Jahr wechseln, sonst Wuchshemmung; gelegentlich Kompost geben
Ernte: laufend frische Blättchen von den Blattstielen zupfen, kann im Winter mit Reisig oder Vlies abgedeckt und dann weiter geerntet werden
Verwendung: frische Blätter als Gewürz (glattblättrige Sorten) und Dekoration (krausblättrige Sorten) für Salate, Suppen, Soßen, Kartoffelgerichte
Arten/Sorten: bei Wurzelpetersilie *(P. crispum* var. *tuberosum)* Wurzelernte im Herbst

Portulak
Portulaca oleracea var. *sativa*

FAMILIE: Portulakgewächse (*Portulaceae*)
HÖHE/BREITE: 15–30/15 cm
ERNTEZEIT: Mai – Juni
einjährig

frischgrüne Vitaminbombe

Aussehen: kleine, verzweigte Pflanze mit eiförmigen, fleischigen, glänzend grünen Blättern und kleinen, blassgelben Blüten
Boden: locker, mager, leicht sandig
Anbau/Pflege: ab April direkt ins Beet aussäen; Samen nur knapp mit Erde bedecken (Lichtkeimer!); am besten mehrere Folgesaaten pro Jahr
Ernte: frische, junge Triebe und Blätter, ganze Pflanzen bis zum Blühbeginn ernten; zu alte Blätter schmecken bitter! Blütenknospen ebenfalls essbar
Verwendung: Triebe und Blätter frisch zum Würzen für Blatt- und Gemüsesalate, Kräutersoßen, Mayonnaisen, Gurkengemüse, Schmortomaten, Suppen, Kräuterquark; Blütenknospen wie Kapern in Essig einlegen; ganze Pflanzen wie Gemüse dünsten
Gestaltung: gut für Töpfe und Schalen

Sonne · Halbschatten · Schatten · viel gießen · mäßig gießen

Ringelblume
Calendula officinalis

FAMILIE: Korbblütler (*Asteraceae*)
HÖHE/BREITE: 15–60/bis 60 cm
ERNTEZEIT: Juni – Oktober
einjährig

unermüdlicher Dauerblüher

Aussehen: Pflanze mit starkem Stängel, länglichen Blättern und großen, leuchtend orange-gelben Blüten; ganze Pflanze leicht rau behaart, riecht herb-aromatisch
Boden: durchlässig, nährstoffreich
Anbau/Pflege: Aussaat von März bis April direkt ins Freie; Samen nur leicht mit Erde bedecken, später vereinzeln; nicht zu dicht pflanzen, sonst Gefahr von Mehltaubefall; versamt sich auch stark von selbst
Ernte: laufend Blütenblätter oder ganze, aufgeblühte Blüten ernten
Verwendung: Blütenblätter oder ganze Blüten frisch als essbare Deko für Salat, Suppen, Blütenbutter, Gemüsegerichte; getrocknete Blüten als Gewürz für Suppen, Soßen, Reisgerichte
Gestaltung: schön in Gemüsebeeten, in denen sie gleichzeitig für die Bodengesundheit sorgt
Sorten/Arten: 'Fiesta Gitana' ist eine niedrige Sorte, für Töpfe & Co.

Rucola
Eruca sativa subsp. *sativa*

FAMILIE: Kreuzblütler (*Brassicaceae*)
HÖHE/BREITE: 15–25/10 cm
ERNTEZEIT: Mai – September
einjährig

würziger Vitaminspender

Aussehen: straff aufrecht wachsende Pflanze mit einer Rosette gelappter Blätter und kleinen, weißlichen Blüten; Pflanze duftet aromatisch scharf
Boden: durchlässig, humos, etwas nährstoffreich
Anbau/Pflege: Aussaat ab April direkt ins Freie oder in Töpfe
Ernte: laufend frische, junge Blätter vor der Blüte bodennah abschneiden; evtl. Blütenansätze ausbrechen, um länger Blätter ernten zu können; Blüten essbar
Verwendung: junge Blätter frisch für Blatt- und Gemüsesalate, Kräuterquark, Pizza und Pasta; gedünstet für Gemüse- und Pastagerichte
Gestaltung: kann auch gut im Balkonkasten gezogen werden
Sorten/Arten: Wilde Rauke (*E. sativa* subsp. *silvatica*) mehrjährig, würziger; *E. sativa* subsp. *sativa* 'Rucola da Orto' besonders würzige italienische Sorte

Winter-Portulak
Montia perfoliata

FAMILIE: Portulakgewächse (*Portulaceae*)
HÖHE/BREITE: 20–30/20 cm
ERNTEZEIT: September – März
einjährig (auch überwinternd)

gesunde »Winterkresse«

Aussehen: zierliche Pflanze mit Rosetten tellerförmiger, glänzend grüner Blätter an langen Stielen und kleinen, weißen Blütchen
Boden: humos, nährstoffreich, feinkrümelig
Anbau/Pflege: Aussaat im März/April (Frühjahrskultur) oder August/September (Herbstkultur, Winterernte) direkt ins Freie; nach 2–3 Jahren den Standort wechseln
Ernte: frische Blätter werden mit den Stielen geerntet; nicht zu tief abschneiden, wenn die Pflanzen nochmals durchtreiben sollen; damit im Winter geerntet werden kann, ist eine Abdeckung mit Vlies oder Folientunnel ratsam
Verwendung: junge Blätter frisch wie Kresse verwenden, sind jedoch milder im Geschmack; für Salate, Brotaufstriche, Kräuterbutter und -quark, Eier- und Käsegerichte; gedünstet wie Spinat

wenig gießen · Topfhaltung möglich · schöne Blüten · einfrieren möglich · trocknen möglich

Mehrjährige Kräuter

An mehrjährigen Kräutern, die zum Großteil wärmeliebende Sonnenkinder sind, haben Sie über Jahre hinaus Freude. Durch beständiges Ernten erhalten die Pflanzen meist auch eine kompakte Wuchsform.

Zu den ausdauernden Kräutern gehören viele Halbsträucher, wie Lavendel, Salbei, Ysop, Heiligenkraut. Als prächtige Solitärpflanzen in passenden Terrakotta-Gefäßen sind sie attraktive Blickfänge auf jeder Terrasse oder umrahmen als geschnittene Einfassung Kräuter-, Gemüse- und Blumenbeete.

Neben heimischen Wildkräutern wie Bärlauch, Waldmeister und Spitzwegerich, mediterranen Geschöpfen wie Lorbeer, Currykraut und Rosmarin finden sich auch üppig wachsende Teepflanzen unter den Mehrjährigen, wie Pfefferminze und Zitronenmelisse. Für jede Geschmacksnote das passende Kraut!

Setzen Sie mehrjährige Kräuter mit anderen Blütenstauden zusammen und schwelgen Sie in Duft und Farben.

Anis-Ysop
Agastache foeniculum

FAMILIE: Lippenblütler (*Lamiaceae*)
HÖHE/BREITE: 60–120/40 cm
ERNTEZEIT: August
WUCHS: buschig

Dauerblüher mit Anis-Aroma

Aussehen: straff aufrecht wachsende Staude, Blätter erinnern an Brennnesseln; hell lilafarbene Blütenkerzen; Pflanze mit angenehmem Anis-Aroma
Boden: nährstoffreich; warm, trocken
Anbau/Pflege: Aussaat ab April in Saatkistchen; nach 4–5 Wochen vereinzeln und auspflanzen
Ernte: junge Blätter und Triebspitzen ab August fortlaufend ernten
Verwendung: nach Anis schmeckende Blätter (frisch oder getrocknet) für aromatischen Tee; für Süßspeisen, Fleischgerichte
Gestaltung: schöner Langzeitblüher von Juli bis September auf sonnigen Staudenrabatten mit Indianernessel, Schafgarbe, Bartfaden
Sorten/Arten: Korea-Minze *(A. rugosa)*; Lemon-Ysop *(A. mexicana)* bedingt winterhart
Andere Namen: Anisagastache, Duftnessel

Sonne · Halbschatten · Schatten · viel gießen · mäßig gießen

Bärlauch

Allium ursinum

FAMILIE: Liliengewächse (*Liliaceae*)
HÖHE/BREITE: 30–40/20 cm
ERNTEZEIT: April – Mai
WUCHS: bodendeckend

»knofelige« Zwiebelpflanze

Aussehen: viele ganzrandige, spitz zulaufende Blätter bilden grünen Horst, der zur Blütezeit im Mai attraktive weiße Blütensterne hat; ganze Pflanze duftet intensiv nach Knoblauch; einige Wochen nach der Blüte vergilben die Blätter und ziehen ein; Verwechslungsgefahr mit Maiglöckchen oder Herbstzeitlosen
Boden: humos, kalkhaltig, etwas feucht
Anbau/Pflege: im März ins Freie aussäen oder im Sommer (ab September) die Zwiebeln stecken
Ernte: frische junge Blätter, die vor der Blüte am aromatischsten sind; auch Blüten, Knospen und Zwiebeln genießbar
Verwendung: stets frisch verarbeiten, zu Brotaufstrichen, Suppen, Soßen, Pesto; lässt sich einfrieren und für Gewürzöl verwenden
Gestaltung: an halbschattigen Plätzen, unter Hecken und Sträuchern

Beifuß

Artemisia vulgaris

FAMILIE: Korbblütler (*Asteraceae*)
HÖHE/BREITE: 1–2 m/60–200 cm
ERNTEZEIT: August – September
WUCHS: ausladend

»wilder Wermut«

Aussehen: reich verzweigte Staude mit gefiederten Blättern, oben dunkelgrün und unten weißgrau gefärbt
Boden: anspruchslos, trocken, mager, kalkhaltig
Anbau/Pflege: Aussaat ins Freie im März/April oder im Spätsommer; von kräftigen Pflanzen Stecklinge schneiden und bewurzeln; auf sauren Böden kalken
Ernte: als Würze Triebspitzen mit den noch geschlossenen Blütenknospen; für Tee Triebspitzen mit jungen Blättern ernten
Verwendung: Blütenknospen verleihen herzhaften Speisen eine würzig-bittere Note und machen Schweres leicht verdaulich (Gänsebraten); sparsam dosieren! Tee aus den Blättern wirkt verdauungsfördernd und krampflösend; nicht während der Schwangerschaft anwenden
Sorten/Arten: *A. vulgaris* 'Oriental Limelight' mit gelb-weißem Laub

Beinwell

Symphytum officinale

FAMILIE: Raublattgewächse (*Boraginaceae*)
HÖHE/BREITE: 60–100/50 cm
ERNTEZEIT: Mai – Juni
WUCHS: buschig

Bienenmagnet

Aussehen: stattliche Pflanze mit länglichen, spitz zulaufenden Blättern und violetten oder weißen Blüten; ganze Pflanze rauhaarig
Boden: relativ anspruchslos, jedoch ausreichend feucht, auch schwer möglich
Anbau/Pflege: Aussaat ab Mai ins Freie oder Wurzelstücke an großer Pflanze abstechen und einsetzen
Ernte: junge, zarte Blätter ab Mai ständig ernten; für Heilanwendung im Herbst oder Frühjahr Wurzel ernten
Verwendung: junge Blätter werden frisch für Salate, Quark oder Brotaufstriche klein geschnitten oder als Wildgemüse gedünstet; zum Ansetzen von Pflanzenbrühen o. Ä. Blätter und Stängel verwenden
Sorten/Arten: Comfrey *(S. x uplandicum* 'Bocking Nr. 14', syn. *S. peregrinum); S. officinale* 'Cloche de Valours' mit besonders dunkelvioletten Blüten

wenig gießen · Topfhaltung möglich · schöne Blüten · einfrieren möglich · trocknen möglich

Berg-/Winter-Bohnenkraut

Satureja montana

FAMILIE: Lippenblütler (*Lamiaceae*)
HÖHE/BREITE: 20–30/35 cm
ERNTEZEIT: Juni – August
WUCHS: buschig

gute Bienenweide

Aussehen: niedriger Strauch mit dunkelgrünen, aromatischen Blättern und weißen Lippenblüten
Boden: mager, nährstoffarm, kalkreich; warm
Anbau/Pflege: Aussaat ins Freie im Aug. (Lichtkeimer); von kräftigen Pflanzen Stecklinge schneiden (Juli/Aug.); Rückschnitt vor dem Austrieb
Ernte: junge Blätter und Triebspitzen laufend ernten; am aromatischsten sind sie kurz vor der Blüte; auch Blüten zum Würzen verwenden
Verwendung: würziges Kraut zu herzhaften Speisen, Bohnengerichten, Eintöpfen (mitkochen!); als Heilpflanze im Erkältungstee
Gestaltung: gut geeignet für Topf, Kübel, Steingarten, Trockenmauer
Sorten/Arten: Zitronen-Bohnenkraut *(S. montana* var. *citriodora)*; Kriechendes Bohnenkraut *(S. repandens,* syn. *S. spicigera)*, evtl. Winterschutz

Currykraut

Helichrysum italicum, H. angustifolium

FAMILIE: Korbblütler (*Asteraceae*)
HÖHE/BREITE: 40–60/35 cm
ERNTEZEIT: Juni – August
WUCHS: buschig

Sonnenkind mit Curry-Duft

Aussehen: Halbstrauch mit nadel-förmigen, immergrünen, silbrig-weißen Blättern und gelben Blütenbüscheln an langen Stängeln
Boden: leicht, durchlässig; warme, trockene Plätze
Anbau/Pflege: am besten als Jungpflanzen kaufen und einsetzen oder von kräftigen Pflanzen im Juli/August Stecklinge schneiden und bewurzeln; Rückschnitt nach der Blüte und Reisigabdeckung als Winterschutz
Ernte: junge Blätter und Zweige laufend ernten
Verwendung: mildes Gewürz zu Reis, Gemüse, Fisch, Grillfleisch, asiatischen Gerichten; Zweige kurz vor Ende der Garzeit mit ins Essen geben, nicht mitkochen, sonst werden sie bitter
Gestaltung: gut geeignet für Topf, Kübel, Steingarten
Sorten/Arten: *H. italicum* var. *microphyllum* ist kleinblättrig und niedrig.

Eberraute

Artemisia abrotanum

FAMILIE: Korbblütler (*Asteraceae*)
HÖHE/BREITE: 60–100/45 cm
ERNTEZEIT: Juni – August
WUCHS: buschig

zitronig-herbes Duftkraut

Aussehen: Halbstrauch mit aromatischem, fein gefiedertem, grau-grünem Laub und unscheinbaren gelblichen Blüten
Boden: leicht, durchlässig; trocken
Anbau/Pflege: Aussaat im April in Saatschalen, Samen nur leicht andrücken und feucht halten; Pflanzen im Juni vereinzeln und ins Freie setzen; von kräftigen Pflanzen Stecklinge schneiden (Juli/August) und bewurzeln; Rückschnitt im Frühjahr vor dem Austrieb
Ernte: junge Blätter und Zweige laufend ernten
Verwendung: junge Blättchen und Zweige frisch oder getrocknet für Kräuterquarks und Soßen; für Duftsäckchen und Potpourris; nicht während der Schwangerschaft
Gestaltung: Strukturpflanze
Sorten/Arten: Zitronen-Eberraute *(A. abrotanum* 'Citrina'); Coca-Cola-Eberraute *(A. abrotanum* 'Coca-Cola')

Sonne · Halbschatten · Schatten · viel gießen · mäßig gießen

Französischer Estragon
Artemisia dracunculus var. *sativus*

FAMILIE: Korbblütler (*Asteraceae*)
HÖHE/BREITE: 60–150/50 cm
ERNTEZEIT: Juni – August
WUCHS: ausladend

Gewürzkraut für die feine Küche

Aussehen: buschige, frischgrüne Pflanze mit schmalen, länglichen Blättchen und unscheinbaren, gelbgrünen Blüten; mit feinem, anisartigen Geschmack; treibt Ausläufer
Boden: humusreich, warm und ausreichend feucht
Anbau/Pflege: durch Stecklinge oder Teilung im Spätsommer vermehren; Winterschutz mit Reisig
Ernte: ständig junge Blätter und Triebspitzen (auch mit Knospen) ernten; ab dem zweiten Standjahr aromatischer
Verwendung: frische Blätter und Triebspitzen für Salate, Soßen (Sauce Béarnaise), in Fleisch- und Fischgerichten mitgaren, sparsam verwenden; für Würzessig
Sorten/Arten: Russischer Estragon *(A. dracunculus)* ab Februar ins Frühbeet oder ab April ins Freie säen, Samen nicht mit Erde bedecken; mit herb-bitterem, kerbelähnlichem Aroma

Frauenmantel
Alchemilla mollis

FAMILIE: Rosengewächse (*Rosaceae*)
HÖHE/BREITE: 30/40 cm
ERNTEZEIT: April – Oktober
WUCHS: bodendeckend

traditionelle Frauenheilpflanze

Aussehen: buschige Pflanze mit langgestielten, am Rand spitz gezahnten Blättern, auf denen sich schöne Tau- und Wassertropfen bilden; gelbgrüne Blütenrispen, ganze Pflanze fein silbrig behaart
Boden: nahrhaft, ausreichend feucht, gerne auch am Teichrand
Anbau/Pflege: Teilung kräftiger Pflanzen und Einsetzen einzelner verdickter Wurzelstücke im Herbst oder Frühjahr; Rückschnitt nach der Blüte; starker Ausbreitungsdrang durch Versamung und Wurzelrhizome
Ernte: junge Blätter und Blüten ständig ernten
Verwendung: frische Blätter und Blüten für Salate, Suppen, Soßen, Aufläufe; Blätter und Blüten (frisch und getrocknet) für krampflösenden Magen-Darm-Tee (auch gegen Durchfall), Frauentee
Gestaltung: am Teich- oder Beetrand, auch schön zu Rosen

Heiligenkraut
Santolina chamaecyparissus

FAMILIE: Korbblütler (*Asteraceae*)
HÖHE/BREITE: 30/30 cm
ERNTEZEIT: Juni – August
WUCHS: buschig

immergrüne Beeteinfassung

Aussehen: aromatischer Halbstrauch mit immergrünen, graugrünen Blättern; an langen Stängeln sitzen knopfartige, gelbe Blüten
Boden: mager, durchlässig; warme, trockene Plätze
Anbau/Pflege: Aussaat im April in Saatschalen, Samen nur leicht andrücken und feucht halten; Pflanzen im Juni vereinzeln und ins Freie setzen; von kräftigen Pflanzen Stecklinge schneiden (Juli/August) und bewurzeln; Rückschnitt im Frühjahr vor dem Austrieb
Ernte: junge Blätter und Zweige
Verwendung: getrocknete Blätter und Triebe eignen sich gut für Duftsäckchen, Potpourris, Räuchermischungen
Gestaltung: schön als graulaubige Strukturpflanze in Staudenbeeten zu Phlox, Indianernessel, Katzenminze und als Beeteinfassung
Sorten/Arten: Grünblättriges Heiligenkraut *(S. viridis)* ist grünlaubig.

Indianernessel
Monarda didyma

FAMILIE: Lippenblütler (*Lamiaceae*)
HÖHE/BREITE: 60–120/50 cm
ERNTEZEIT: Juni – August
WUCHS: buschig

ausgesprochene Blütenpflanze

Aussehen: locker wachsende Staude mit spitz zulaufenden Blättern und quirlförmigen, roten Blüten; alle Pflanzenteile von würzigem, bergamotteähnlichem Aroma
Boden: nährstoffreich humos, nicht zu trocken, sonst Mehltaubefall
Anbau/Pflege: am besten Jungpflanzen kaufen und im Frühjahr setzen; nicht zu dicht pflanzen; bei Mehltaubefall zurückschneiden
Ernte: Blüten und junge Blätter
Verwendung: frische rote Blütenblätter für Salate, Fisch- und Fleischgerichte, Süßspeisen, Desserts; frische oder getrocknete Blüten und Blätter für anregenden, schleimlösenden und verdauungsfördernden »Oswego«-Tee
Gestaltung: schön mit Wermut, Malven, Rosen, Purpurfenchel
Sorten/Arten: Wilde Bergamotte *(M. fistulosa)*
Andere Namen: Goldmelisse

Johanniskraut
Hypericum perforatum

FAMILIE: Johanniskrautgewächse (*Hypericaceae*)
HÖHE/BREITE: 40–70/30 cm
ERNTEZEIT: August
WUCHS: buschig

goldgelbe Heilpflanze

Aussehen: fein verzweigte Pflanze mit kleinen, elliptischen Blättern mit zahlreichen durchscheinenden Punkten; leuchtend gelbe Blütenbüschel; Blüten und Knospen färben sich beim Zerreiben rotviolett
Boden: mager, trocken oder mäßig feucht; warm
Anbau/Pflege: kräftige Pflanzen teilen oder ab Mai ins Freie säen
Ernte: knospige und blühende Triebspitzen werden am besten bei warmem, trockenem Wetter im Hochsommer geerntet
Verwendung: frische Blüten und Knospen als entzündungshemmendes, heilkräftiges Wundöl ansetzen; getrocknete Blüten, Knospen und junge Blätter für beruhigenden, krampflösenden Tee
Sorten/Arten: Zitronen-Johanniskraut *(H. hircinum)* kleiner Halbstrauch, Blätter für erfrischenden Tee
Andere Namen: Tüpfelhartheu

Knoblauch
Allium sativum

FAMILIE: Liliengewächse (*Liliaceae*)
HÖHE: 30–80 cm
ERNTEZEIT: Juli – September
WUCHS: schmal-aufrecht

aromatische Zwiebelpflanze

Aussehen: Zwiebelpflanze mit grasartigen Blättern und weißen Blütenkugeln
Boden: warm, humos, locker, auf keinen Fall zu nass und schwer
Anbau/Pflege: bei Wintersorten Zehen im Oktober stecken, bei Frühjahrssorten im März stecken; Knoblauch jedes Jahr auf anderem Beet anbauen, auch nicht dort, wo im Vorjahr Schnittlauch oder Zwiebeln gestanden haben; guter Nachbar zu Möhren und Erdbeeren
Ernte: wenn unteres Drittel der Pflanze gelb wird, Zwiebeln ernten; im Frühjahr auch junges Laub verwendbar
Verwendung: Zwiebeln frisch zum Kochen und Würzen, für Salate, Brotaufstriche, Kräuterbutter, Gewürzöl; gut abgetrocknete Zwiebeln sind lange lagerbar; für Pflanzenbrühen gegen Pilzinfektionen
Sorten/Arten: Schnittknoblauch *(A. tuberosum)*

Sonne · Halbschatten · Schatten · viel gießen · mäßig gießen

Lavendel

Lavandula angustifolia

FAMILIE: Lippenblütler (*Lamiaceae*)
HÖHE/BREITE: 30–60/45 cm
ERNTEZEIT: Juni – September
WUCHS: buschig

duftender Rosenbegleiter

Aussehen: immergrüner Halbstrauch mit nadelartigen, graugrünen Blättern und violetten Blüten; ganze Pflanze aromatisch duftend
Boden: locker, mager, kalkhaltig; warm
Anbau/Pflege: ab Februar Aussaat in Schalen am Fenster; ab Mai ins Freie pflanzen oder Stecklinge schneiden (Juli/August) und bewurzeln; Rückschnitt vor dem Austrieb und nach der Blüte
Ernte: junge Blätter und Triebspitzen, gerade aufgegangene Blüten
Verwendung: Blätter und Triebspitzen (frisch oder getrocknet) in Fisch-, Lamm- und Eintopfgerichten kurz mitkochen; Blüten zum Aromatisieren von Süßspeisen, Likören, für Duftsäckchen und Potpourris, für Tee
Gestaltung: schön zu Rosen, Phlox, Indianernessel; als Beeteinfassung
Sorten/Arten: Bei Speick-Lavendel (*L. latifolia*) ist Winterschutz ratsam.

Liebstöckel

Levisticum officinale

FAMILIE: Doldenblütler (*Apiaceae*)
HÖHE/BREITE: 1,5–2 m/1,2 m
ERNTEZEIT: Mai – Oktober
WUCHS: ausladend

aromatische Gewürzstaude

Aussehen: frischgrüne Staude mit hohlen Stängeln, gefiederten Blättern und gelbgrünen Doldenblüten; ganze Pflanze duftet aromatisch
Boden: humos, nährstoffreich, tiefgründig, feucht, etwas kalkhaltig
Anbau/Pflege: ab März Aussaat ins Freie, im August selbst geernteten Samen aussäen; Jungpflanzen im April oder September setzen, ausreichend wässern und mit Kompost düngen
Ernte: laufend frische junge Blätter ernten; Wurzeln im September
Verwendung: frische Blätter für Salat, Fleischgerichte, Suppen, Eintöpfe und Gerichte aus Hülsenfrüchten (mitkochen); Wurzeln für entwässernden, blutreinigenden, magenstärkenden Tee; Blätter und Wurzeln zum Aromatisieren von Likören und Magenschnäpsen
Gestaltung: mit Fenchel, Rhabarber und Meerrettich kombinieren
Andere Namen: Maggikraut

Lorbeer

Laurus nobilis

FAMILIE: Lorbeergewächse (*Lauraceae*)
HÖHE/BREITE: 1–2 m/40 cm
ERNTEZEIT: Mai – Oktober
WUCHS: buschig, bäumchenartig

immergrüne Kübelpflanze

Aussehen: immergrüner, frostempfindlicher Strauch mit länglichen, spitz zulaufenden, ledrigen Blättern und kleinen cremeweißen Blüten im Mai, nur an älteren Pflanzen
Boden: lehmig, durchlässig
Anbau/Pflege: Jungpflanzen kaufen oder von kräftigen Pflanzen Stecklinge schneiden und bewurzeln (August/September); hell, luftig und bei 0–6 °C überwintern (notfalls auch dunkel) und nicht völlig austrocknen lassen; zum Austrieb im Frühjahr ausreichend wässern; Form- oder Rückschnitt im März, Blätter nicht anschneiden; während der Wachstumszeit flüssig düngen
Ernte: laufend frische Blätter ernten
Verwendung: frisch und getrocknet zu herzhaften Fleisch- und Gemüsegerichten, Eintöpfen; Gewürzöl
Gestaltung: attraktive Kübelpflanze, als Kugel, Kegel oder Pyramide geschnitten oder als Hochstämmchen

wenig gießen · Topfhaltung möglich · schöne Blüten · einfrieren möglich · trocknen möglich

Meerrettich
Armoracia rusticana

FAMILIE: Kreuzblütler (*Brassicaceae*)
HÖHE/BREITE: 15–30/15 cm
ERNTEZEIT: September – April
WUCHS: ausladend

scharfe Wurzel

Aussehen: mit langen Blättern, weißgrünen Blütenrispen, kriechendem Wurzelstock
Boden: nährstoffreich, tiefgründig, sollte nicht zu trocken werden
Anbau/Pflege: im Herbst ca. 30 cm lange Seitenstücke von Hauptwurzel abstechen und über Winter in feuchten Sand eingeschlagen, kühl aufbewahren; ab Mitte März diese Stücke schräg in den Boden stecken und ca. 5 cm mit Erde bedecken; gelegentlich mit Kompost düngen; wuchert leicht
Ernte: möglichst starke, dicke Wurzelstücke ausgraben
Verwendung: frische Wurzel zu Fleisch, Wild, kaltem Braten, zum Einlegen und Würzen; gesäuberte Wurzeln in Mieten mehrere Monate lagerfähig; frisch gerieben mit Honig gegen Husten, als Umschlag bei Schnupfen; Wurzeln und Blätter für Pflanzenbrühen gegen Pilzbefall
Andere Namen: Kren

Oregano
Origanum vulgare

FAMILIE: Lippenblütler (*Lamiaceae*)
HÖHE/BREITE: 30–60/40 cm
ERNTEZEIT: Juli – September
WUCHS: buschig

Schmetterlings-Liebling

Aussehen: breitbuschige Pflanze mit kleinen Blättern, rosafarbenen Blüten und flachem Wurzelwerk
Boden: trocken, durchlässig, nährstoffarm, kalkhaltig; keine Staunässe! warm
Anbau/Pflege: ab April ins Freie säen; Samen andrücken, nicht mit Erde bedecken; durch Wurzelausläufer vermehren (Mai); im Frühjahr Rückschnitt dicht über Boden
Ernte: laufend junge Blätter und Triebspitzen, zum Trocknen während der Blüte (am aromatischsten); Blüten ebenfalls genießbar
Verwendung: Blätter und Blüten (frisch oder getrocknet) für Nudel- und Pizzagerichte, zu Fleisch, Eintöpfen, für Blütenbutter, Gewürzmischungen; für Erkältungstee
Sorten/Arten: Kompakter Oregano (*O. vulgare* 'Compactum') niedrig; Goldoregano (*O. vulgare* 'Aureum')
Andere Namen: Dost, Wilder Majoran

Pfefferminze
Mentha x piperita

FAMILIE: Lippenblütler (*Lamiaceae*)
HÖHE/BREITE: 50–80/30 cm
ERNTEZEIT: Juni – August
WUCHS: wuchernd

intensives Menthol-Aroma

Aussehen: Staude mit rötlichen Stängeln und dunkelgrünen, ovalen, spitz zulaufenden Blättern; hellrosafarbene Blüten in kleinen Quirlen; alle Pflanzenteile duften intensiv nach Menthol
Boden: humos, leicht und ausreichend feucht
Anbau/Pflege: echte Pfefferminze ist steril, daher vorgezogene Jungpflanzen setzen, kräftige Pflanzen im Frühjahr teilen oder einzelne Wurzelausläufer einsetzen; sehr wuchernd, daher evtl. Wurzelsperre einbauen
Ernte: bis kurz vor der Blüte frische Blätter und Triebspitzen ernten
Verwendung: frische Blätter für Süßspeisen, Soßen, Bowle, Likör, Fleischgerichte; frische oder getrocknete Blätter für Erkältungstee oder Magen-Darm-Tee
Sorten/Arten: Krauseminze *(M. spicata* var. *crispa)*; Ananasminze *(M. suaveolens)* mit weißbuntem Laub

Sonne Halbschatten Schatten viel gießen mäßig gießen

Pimpinelle

Pimpinella saxifraga

FAMILIE: Rosengewächse (*Rosaceae*)
HÖHE/BREITE: 20–50/30 cm
ERNTEZEIT: August
WUCHS: buschig

anspruchslos

Aussehen: Staude mit fein gefiederten, immergrünen, blaugrünen Blättern und gelbgrünen oder rötlichen Blüten in kugeligen Köpfchen
Boden: kalkhaltig, etwas feucht; warm
Anbau/Pflege: im Mai direkt ins Freie säen und später vereinzeln oder kräftige, ältere Pflanzen teilen
Ernte: laufend junge Blätter ernten (ältere Blätter sind hart)
Verwendung: nur frisch verwenden! junge Blätter für Salate, Suppen, helle Soßen (»Frankfurter Soße«), Kräuterquark, Kräuterbutter, Brotaufstriche, Drinks, Bowle; nicht mit den Speisen mitkochen
Gestaltung: passt gut in Erdbeertöpfe und Kräuterkaskaden
Sorten/Arten: Großer Wiesenknopf *(Sanguisorba officinalis)* ist ein Wild- und Heilkraut.
Andere Namen: Pimpernell, kleiner Wiesenknopf

Rainfarn

Tanacetum vulgare

FAMILIE: Korbblütler (*Asteraceae*)
HÖHE/BREITE: 80–15/80 cm
ERNTEZEIT: Juli – September
WUCHS: ausladend

als Brühe »Läusekiller«

Aussehen: aromatisch duftende, buschige Staude mit fein gefiedertem, dunkelgrünem Laub und zahlreichen gelben Blütendolden; bildet starke Ausläufer
Boden: anspruchslos, trocken oder leicht feucht, nicht zu nährstoffreich
Anbau/Pflege: am besten ältere Pflanzen teilen oder Wurzelausläufer abnehmen und einsetzen; Vorsicht in kleinen Beeten, da sehr ausbreitungsfreudig
Ernte: Blätter, Stiele und Blüten können geerntet werden
Verwendung: Rainfarn nicht für Küche oder Heilzwecke verwenden, da er u. a. auch gesundheitsschädliche Inhaltsstoffe enthält; aus der ganzen Pflanze lassen sich wirkungsvolle Pflanzenbrühen gegen Läuse, Milben und andere unerwünschte Insekten herstellen
Sorten/Arten: *T. vulgare* 'Crispum' krausblättrig, schwachwüchsiger

Rosmarin

Rosmarinus officinalis

FAMILIE: Lippenblütler (*Lamiaceae*)
HÖHE/BREITE: 50–150/40 cm
ERNTEZEIT: Mai – September
WUCHS: buschig

Immergrüner Gewürzstrauch

Aussehen: aufrecht wachsender Halbstrauch mit immergrünen, nadelartigen Blättern und hellblauen Lippenblüten
Boden: durchlässig, trocken, leicht; warm
Anbau/Pflege: Jungpflanzen ab Ende Mai ins Freie setzen; Vermehrung am besten durch Stecklinge (Juli/August) von kräftigen Pflanzen; nur bedingt winterhart, daher am besten hell und kühl (10 °C) im Haus überwintern; Rückschnitt nach der Blüte
Ernte: Blätter und Zweige laufend ernten, auch Blüten sind genießbar
Verwendung: Blätter, Triebspitzen und Blüten (frisch oder getrocknet) für Fisch-, Geflügel-, Fleischgerichte, mediterrane Küche, Kartoffelgerichte, Kräuterbutter, Gewürzöl
Gestaltung: schön im Topf oder Kübel
Sorten/Arten: *R. officinalis* 'Arp', 'Salem' und 'Veitshöchheim' sind deutlich winterhärter.

wenig gießen | Topfhaltung möglich | schöne Blüten | einfrieren möglich | trocknen möglich

Salbei
Salvia officinalis

FAMILIE: Lippenblütler (*Lamiaceae*)
HÖHE/BREITE: 30–80/50 cm
ERNTEZEIT: Juni – September
WUCHS: buschig

silbrig-grauer Rosenbegleiter

Aussehen: Halbstrauch mit graugrünen, länglich-ovalen Blättern und blauvioletten Blüten; Blätter aromatisch
Boden: trocken, durchlässig, kalkhaltig; warm
Anbau/Pflege: ab Mai direkt ins Freie säen oder im Sommer (Juli/August) über Stecklinge vermehren; Rückschnitt im Frühjahr
Ernte: laufend frische, junge Blätter und Triebspitzen ernten, am aromatischsten kurz vor der Blüte; Blüten ebenfalls genießbar
Verwendung: Blätter für Soßen, Gewürzöl, Kräuterbutter (auch Blüten), Nudel-, Fisch- und Fleischgerichte, in Teig ausbacken; Blätter mit den Speisen mitkochen; Blätter für schweißhemmenden Tee, zum Gurgeln bei Halsschmerzen
Sorten/Arten: *S. officinalis* 'Purpurascens' – rotbraunes Laub; *S. officinalis* 'Tricolor' – weiß-purpur-graufarbig; *S. officinalis* 'Aurea' – gelbbunt

Schafgarbe
Achillea millefolium

FAMILIE: Korbblütler (*Asteraceae*)
HÖHE/BREITE: 40–60/20 cm
ERNTEZEIT: Mai – September
WUCHS: buschig

schön für Wildkräuterwiese

Aussehen: buschige Staude mit graugrünen, fein gefiederten Blättern, flache, weiße Blütendolden; ganze Pflanze duftet aromatisch
Boden: relativ anspruchslos; trocken und auch sehr mager
Anbau/Pflege: im April/Mai Jungpflanzen setzen oder ältere Pflanzen teilen; Rückschnitt nach der Blüte
Ernte: fortlaufend junge Blätter, Triebspitzen und Blüten ernten
Verwendung: Blätter und Blüten frisch für Suppen, Soßen, Kräuterbutter, Gemüse- und Kartoffelgerichte, Salate, süße Aufläufe; getrocknet für entzündunghemmenden, entkrampfenden Tee (ähnlich wie Kamillentee)
Sorten/Arten: *A. millefolium* 'Kirschkönigin' ist rot blühend; *A. ptarmica* 'Schneeball' ist eine weiß blühende, gefüllte Sumpfschafgarbe für feuchte und halbschattige Plätze; Muskatgarbe (*A. decolorans)* mit Muskataroma

Schnittlauch
Allium schoenoprasum

FAMILIE: Liliengewächse (*Liliaceae*)
HÖHE/BREITE: 15–30/15 cm
ERNTEZEIT: April – November
WUCHS: grasartig

ausdauernde Zwiebelpflanze

Aussehen: dichte Büschel grasartiger »Blätter« oder Stängel mit rosa-violetten, kugeligen Blütenköpfen
Boden: nährstoffreich, kalkhaltig, humos und ausreichend feucht
Anbau/Pflege: ab Ende April direkt ins Freie säen oder kräftige, ältere Pflanzen teilen; für Winterernte zweijährige Pflanzen, die im Sommer nicht beerntet wurden, im Herbst eintopfen und an trockenem Platz im Freien aufstellen, bis oberirdische Pflanzenteile verdorrt sind; ca. ab Dezember ins Warme stellen und angießen, dann treibt die Pflanze frisch aus
Ernte: Stängel vor der Blüte ernten, ausgezupfte Einzelblüten
Verwendung: frische Stängel für Kräuterbutter, Quark- und Eierspeisen, zum Würzen für Salat, Suppe, Gemüsegerichte; ausgezupfte Einzelblütchen als essbare Deko und für Blütenbutter
Gestaltung: für Töpfe & Co.

Sonne · Halbschatten · Schatten · viel gießen · mäßig gießen

Spitzwegerich
Plantago lanceolata

FAMILIE: Wegerichgewächse (*Plantaginaceae*)
HÖHE/BREITE: 15–30/15 cm
ERNTEZEIT: April – September
WUCHS: bodendeckend

»Wiesenpflaster«

Aussehen: Staude mit länglichen, spitzen Blättern in Form einer Rosette und kugeligen, bräunlich weißen Blüten
Boden: anspruchslos
Anbau/Pflege: Aussaat ab April direkt ins Freie oder Jungpflanzen setzen
Ernte: laufend frische Blätter ernten (am aromatischsten vor der Blüte); nicht die Herzblätter der Rosetten abzupfen, sonst wächst die Pflanze nicht mehr weiter
Verwendung: frische Blätter für Salat, Suppen und Soßen (auch die Blüten), Kartoffel-Getreide-Gerichte, Quarkspeisen, gebraten, paniert, gebacken; für hustenstillenden Tee (auch getrocknete Blätter) und Sirup; rasch und sorgsam trocknen; Blätter dürfen nicht braun oder schwarz werden; frisch zerriebene Blätter bei Mückenstichen als »Wiesenpflaster« auflegen
Gestaltung: für Wildkräuterwiese

Süßdolde
Myrrhis odorata

FAMILIE: Doldenblütler (*Apiaceae*)
HÖHE/BREITE: 60–150/50 cm
ERNTEZEIT: Mai – September
WUCHS: ausladend

dekoratives Heilkraut

Aussehen: buschige Staude mit farnartigem Laub; weiße Blüten an langen Stängeln, besonders Blätter und Samen duften würzig nach Anis
Boden: humos, nährstoffreich, soll nicht austrocknen
Anbau/Pflege: Aussaat im Dezember/Januar in Saatschalen, die ins Freie gestellt werden (Frostkeimer); im März ans Fenster stellen, nach einigen Wochen vereinzeln, ab Mai auspflanzen; besser Jungpflanzen kaufen; Pflanzung im Herbst oder Frühjahr
Ernte: ganze Pflanze (auch Wurzeln) essbar
Verwendung: frische Blätter, Blütendolden und grüne Samen für Suppen, Eintöpfe, Aufläufe, Süßspeisen, Obstsalate, Bowle, Likör; entspannenden, verdauungsfördernden Tee
Gestaltung: schön in Wildstaudenpflanzungen; mit Frauenmantel, Storchschnabel
Andere Namen: Myrrhenkerbel

Thymian
Thymus vulgaris

FAMILIE: Lippenblütler (*Lamiaceae*)
HÖHE/BREITE: 20–40/20 cm
ERNTEZEIT: Mai – September
WUCHS: bodendeckend

für Duftrasen und -polster

Aussehen: kleiner, immergrüner Halbstrauch mit feinverzweigten Ästchen, rundlichen, aromatischen Blättern und hellrosa Lippenblüten
Boden: trocken, steinig oder sandig, warm
Anbau/Pflege: ab April direkt ins Freie säen, Samen andrücken, nicht mit Erde bedecken (Lichtkeimer) oder durch Stecklinge (Mai – August) vermehren oder Absenker (April/Mai); Winterschutz mit Reisigabdeckung
Ernte: junge Triebspitzen und Blättchen (am aromatischsten kurz vor der Blüte); Blüten auch essbar
Verwendung: Blätter und Blüten (frisch, getrocknet) für Fleischgerichte, mediterrane Küche, Gewürzöl, Kräuterbutter, schleimlösenden Tee
Gestaltung: Duftrasen, auf Trockenmauern, im Steingarten, in Töpfen
Sorten/Arten: Zitronenthymian *(T. x citriodorus)*; Kümmelthymian *(T. herba-barona)*

Waldmeister
Galium odoratum

FAMILIE: Rötegewächse (*Rubiaceae*)
HÖHE/BREITE: 20–30/20 cm
ERNTEZEIT: Mai – Juni
WUCHS: niedrig, wuchernd

schöner Schatten-Bodendecker

Aussehen: Staude mit vielen, dünnen Stielen, an denen Blätter quirlförmig angeordnet sind, mit kleinen, weißen Blüten; treibt Ausläufer
Boden: humos, nährstoffreich, ausreichend feucht
Anbau/Pflege: gekaufte Jungpflanzen im April/Mai setzen oder von kräftigen Pflanzen Wurzelausläufer abnehmen und einsetzen
Ernte: frische Triebe kurz vor der Blüte (für manche Rezepte auch mit Blüten), etwas anwelken lassen, dann entfaltet sich typisches Aroma
Verwendung: frische (angewelkte) oder getrocknete Triebe zum Aromatisieren und Würzen von Mixgetränken, Bowle, Kompott, Desserts, Gelee, Likör, Essig; Vorsicht: Überdosierung kann Kopfweh auslösen!
Gestaltung: Ausbreitungsfreudiger Bodendecker kombiniert mit Farnen, Maiglöckchen und Immergrün oder als Unterpflanzung für Hecken

Weinraute
Ruta graveolens

FAMILIE: Rautengewächse (*Rutaceae*)
HÖHE/BREITE: 50–70/40 cm
ERNTEZEIT: Juni – August
WUCHS: buschig

blaugrüne Blattschmuckpflanze

Aussehen: buschiger Halbstrauch mit fein gefiederten, blaugrünen Blättern und gelbgrünen Blüten; Blätter duften herb-aromatisch
Boden: durchlässig, sandig, kalkhaltig; warm
Anbau/Pflege: ab April direkt ins Freie säen, Pflanzen später vereinzeln; Rückschnitt im Frühjahr vor dem Austrieb
Ernte: einzelne, frische, junge Blätter laufend ernten; besser mit Handschuhen pflücken, gelegentlich können Hautreizungen auftreten
Verwendung: frische oder getrocknete Blätter zum Würzen von Soßen, Suppen, (Hack-)Fleisch- und Fischgerichten, Eiergerichten, Pilzen; sparsam verwenden; nicht während der Schwangerschaft
Gestaltung: schön zu Rosen
Sorten/Arten: *R. graveolens* 'Jackmann's Blue' – Laub blau-grün; *R. graveolens* 'Harlequin' – weißbunt

Wermut
Artemisia absinthium

FAMILIE: Korbblütler (*Asteraceae*)
HÖHE/BREITE: 80–160/80 cm
ERNTEZEIT: Juli – August
WUCHS: ausladend

silberlaubige Staudenschönheit

Aussehen: verzweigter Halbstrauch mit wintergrünen, silbergrauen, fein geteilten Blättern und unscheinbaren, gelblich weißen Blütchen
Boden: durchlässig, trocken, auch steinig oder sandig; warm
Anbau/Pflege: im Frühjahr Jungpflanzen setzen (ein bis zwei Pflanzen reichen) oder von kräftigen Pflanzen Stecklinge schneiden (Juli/August)
Ernte: Blätter und Triebspitzen kurz vor und während der Blüte ernten
Verwendung: frische oder getrocknete Blätter und knospige Triebspitzen zum Aromatisieren von Wein, Magenbitter, zum Würzen von fetten Fleischgerichten (ähnlich Beifuß), für verdauungsfördernden (bitteren!) Tee; sparsam verwenden; nicht während der Schwangerschaft
Gestaltung: schöne Strukturpflanze
Sorten/Arten: Silber-Wermut *(A. ludoviciana)*; Römischer Wermut *(A. pontica)*; beide niedriger, milder

Sonne · Halbschatten · Schatten · viel gießen · mäßig gießen

Ysop
Hyssopus officinalis

FAMILIE: Lippenblütler (*Lamiaceae*)
HÖHE/BREITE: 60–100/40 cm
ERNTEZEIT: Juli – September
WUCHS: buschig

duftende Beeteinfassung

Aussehen: Halbstrauch mit schmalen, dunkelgrünen, aromatischen Blättern und violett-blauen Blütenrispen
Boden: kalkhaltig, leicht, trocken;
Anbau/Pflege: ab März in Pflanzschalen säen, ab Mitte Mai ins Freie pflanzen oder von kräftigen Pflanzen Stecklinge schneiden (Juni); Rückschnitt vor dem Austrieb und nach der Blüte (oft nachblühend)
Ernte: junge Blätter und Triebspitzen kurz vor der Blüte ernten, Blüten ebenfalls genießbar
Verwendung: frische oder getrocknete Blätter und Blüten für Salate, Kräuterquark, Blütenbutter, Fleisch- und Gemüsegerichte, Eintöpfe, Gewürzöl, magenstärkenden und erkältungswidrigen Tee
Gestaltung: mit Stauden oder Rosen, als Beeteinfassung
Sorten/Arten: *H. officinalis* 'Albus' mit weißen Blüten; *H. officinalis* 'Roseus' rosafarben blühend

Zitronenmelisse
Melissa officinalis

FAMILIE: Lippenblütler (*Lamiaceae*)
HÖHE/BREITE: 50–100/55 cm
ERNTEZEIT: Juni – September
WUCHS: buschig, wuchernd

wüchsige Teepflanze

Aussehen: Staude mit eiförmig-rundlichen Blättern an frischgrünen Trieben; weiße Lippenblüten; intensives Zitronenaroma; bildet Ausläufer
Boden: locker, humos, tiefgründig (Wurzeln bis 30 cm tief), nährstoffreich, nicht zu trocken
Anbau/Pflege: ab Februar/März am Fenster aussäen (Lichtkeimer), ab Mai auspflanzen oder kräftige Pflanzen im Frühjahr teilen; gelegentlich mit Kompost düngen
Ernte: laufend junge Blätter ernten; zum Trocknen vor der Blüte ganze Triebe bodennah abschneiden
Verwendung: frische Blätter für Salate, Soßen, Fischgerichte, Desserts, Likör, Bowle; nicht mitkochen! getrocknete und frische Blätter für entspannenden Tee
Sorten/Arten: *M. officinalis* 'Aurea' gelblaubig; *M. officinalis* 'Limoni' hat sehr intensives Zitronenaroma; *M. officinalis* 'Variegata' weißbunt

Zitronenverbene
Aloysia triphylla/Lippia citriodora

FAMILIE: Verbenengewächse (*Verbenaceae*)
HÖHE/BREITE: 30–80/40 cm
ERNTEZEIT: Juni – September
WUCHS: buschig

duftende Kübelpflanze

Aussehen: kleiner Halbstrauch mit länglichen, spitzen Blättern, weißlich-rosafarbene Blüten; duftet zitronig-aromatisch
Boden: humos, nährstoffreich
Anbau/Pflege: im Topf oder Kübel kultivieren, ab Ende Mai ins Freie setzen oder mit Topf im Beet einsenken; Überwinterung hell (notfalls dunkel, verliert Blätter) und frostfrei (0–10 °C) überwintern; Rückschnitt vor dem Austrieb im Frühjahr
Ernte: laufend frische junge Blätter, Triebspitzen und Blüten ernten; ständiger Schnitt fördert schönen buschigen Wuchs
Verwendung: frische Blätter und Blüten für Salate, Desserts, Obstsalate, Mixgetränke, Bowlen, Likör und erfrischenden Tee; getrocknete Blätter auch für Tee und Potpourris
Gestaltung: ideal für Topf & Co.
Sorten/Arten: Aztekisches Süßkraut *(Lippia dulcis)* nicht winterhart

wenig gießen | Topfhaltung möglich | schöne Blüten | einfrieren möglich | trocknen möglich

Weitere Küchenkräuter

Name	Kurzinfo	Aussehen/ Lebensdauer	Anbau/ Pflege	Ernte	Verwendung
Brunnenkresse *Nasturtium officinale*		30–60 cm hoch; glänzende, immergrüne, gefiederte Blätter, ab Mai weiße Blüten; mehrjährig	in schattige Feuchtbeete; in flache Schalen, (etwas Wasser steht ständig über der Erde)	laufend frische junge Blätter und Triebe	bitter-scharfes Aroma; Blätter für würzige Salate und Soßen
Duftpelargonie *Geranium* x *citriodorum* 'Prince of Orange' *u.a.*		30–50 cm hoch; kleiner Strauch, ab Juni rosa Blüten, ganze Pflanze duftet; mehrjährig	im Frühjahr oder Herbst Stecklinge schneiden; hell und kühl im Haus überwintern	laufend junge Blätter und frisch geöffnete Blüten	frische Blätter zum Aromatisieren von Biskuit; Blüten frisch für Tee, Desserts und als essbare Deko, getrocknet für Tee
Griechischer Bergtee *Sideritis syriaca*		30–40 cm hoch; kompakter Busch mit weißen Blättern und gelben Blüten von Juni – August	Jungpflanzen im April/Mai in durchlässigen Boden setzen; Winterschutz aus Reisig	junge Blätter und Blüten	blühendes Kraut frisch oder getrocknet für würzigen, die Abwehrkräfte steigernden Tee
Kampferkraut *Chrysanthemum balsamita*		120–150 cm hoch; buschige Staude mit gelben Blüten im August/September	Jungpflanzen im April/Mai in lockeren Boden setzen oder kräftige, ältere Pflanzen teilen	laufend junge Blätter und Blüten	bittersüßes Minzearoma; frische Blätter und Blüten in geringen Mengen zu Fleisch- und Gemüsegerichten
Mutterkraut *Chrysanthemum parthenium*		60–100 cm hoch; buschige Staude mit margeritenähnlichen Doldenblüten im Juni – August	Jungpflanzen im April/Mai in lockeren Boden setzen oder kräftige, ältere Pflanzen teilen	laufend junge Blätter	frisch in geringen Mengen für Kräuterquark oder getrocknet für Frauentee; nicht in der Schwangerschaft!
Parakresse *Spilanthes oleracea*		ca. 30 cm hoch; ovale grüne Blättchen; ab Juli hellgelbe, dann rötliche Blüten; einjährig	ab Ende Mai direkt ins Freie säen, danach immer gleichmäßig feucht halten	laufend frische junge Blätter	pikant-herbe Würze; frisch für Salate und Soßen; nicht mitkochen!

Sonne · Halbschatten · Schatten · viel gießen · mäßig gießen

Weitere Küchenkräuter

Name	Kurzinfo	Aussehen/ Lebensdauer	Anbau/ Pflege	Ernte	Verwendung
Schlangenknöterich *Polygonum bistorta*	☀ schöne Blüten	70–90 cm hoch; ausdauernd; dichte Bestände bildend, wuchernd; rosa Blütenähren von Juni — August	im Frühjahr vorgezogene Jungpflanzen setzen; für Feuchtzonen in großen Gärten	junge Blätter und Sprossen	für Wildsalate und Wildgemüse
Senf *Sinapis alba*	☀ wenig gießen, Topfhaltung möglich	50–80 cm hoch; einjährige Pflanze mit geteilten Blättern und gelben Blüten im Juni/Juli	Aussaat ab März in lockere, durchlässige Gartenerde, relativ anspruchslos	laufend frische junge Blätter; Samen	junge Blätter für Salate, Suppen, Kräuterquark (ähnlich wie Gartenkresse), Samen zum Würzen
Süßkraut *Stevia rebaudiana*	☀ wenig gießen, Topfhaltung möglich	50–80 cm hoch, längliche grüne Blätter, ab Juli duftende weiße Blüten; einjährig	als Kübelpflanze kultivieren; Überwinterung hell und trocken im Haus; zurückschneiden	ständig ältere Blätter, da meiste Süßkraft	frische und getrocknete Blätter als Süßungsmittel für Desserts und Tee (halbes Blatt pro Tasse)
Tripmadam *Sedum reflexum*	☀ wenig gießen, Topfhaltung möglich	ca. 15 cm hoch; blaugrüne Triebe mit schmalen Blättchen; ab Juli gelbe Blüten; mehrjährig	ältere Pflanzen teilen oder Stecklinge; für Steingarten und Trockenmauer	frische, junge Triebspitzen vor der Blüte	Blätter und Triebspitzen für Salate, Gemüse- oder Cremesuppen, Kräutersoßen; nicht mitkochen!
Weiße Katzenminze *Nepeta cataria* subsp. *citriodora*	☀ wenig gießen, Topfhaltung möglich	30–40 cm hoch; buschig, ausdauernd mit weichen Blättern und weißen Blüten im Juli/August	Jungpflanzen im April/Mai in lockeren Boden setzen	junge Blätter, Triebe und Blüten	junge Blätter, Triebe und Blüten für entspannenden Tee; frische Blüten zu Fischgerichten
Winterheckenzwiebel *Allium fistulosum*	☀ wenig gießen	60–100 cm hoch; mehrjährige Zwiebelpflanze	ab April in lockeren Boden säen oder von älteren Pflanzen Brutzwiebeln einsetzen	von Frühjahr bis zum Herbst junges Laub ernten	frisches, junges Laub für Salate, Kräuterquark, chinesische Gerichte
Zitronengras *Cymbopogon citratus*	☀ wenig gießen, Topfhaltung möglich	60–120 cm hoch; grasartige, grüne Blattbüschel; intensives Zitronenaroma; meist einjährig	am besten als Kübelpflanze kultivieren; Überwinterung hell und trocken	laufend frische Blätter ernten	frische oder getrocknete Blätter für erfrischenden Tee, Obstsalate, Desserts; typisch für Asiaküche

wenig gießen · Topfhaltung möglich · schöne Blüten · einfrieren möglich · trocknen möglich

Weitere Heil- und Wildkräuter

Name	Kurzinfo	Aussehen/ Lebensdauer	Anbau/ Pflege	Ernte	Verwendung
Alant *Inula helenium*	Sonne, mäßig gießen	120–200 cm hoch; dekorative, mehrjährige Staude mit länglichen Blättern und gelben Blüten im Juni – September	Jungpflanzen im März/April setzen oder kräftige ältere Pflanzen teilen	die Wurzel im Frühjahr oder Herbst	getrocknete Wurzel für magenstärkenden und erkältungswidrigen Tee
Baldrian *Valeriana officinalis*	Sonne, Halbschatten, Schatten, mäßig gießen	120–150 cm hoch; mehrjährige Staude mit weißrosa Doldenblüten im Juli/August	Jungpflanzen im März/April setzen oder kräftige ältere Pflanzen teilen	die Wurzel im Herbst, Blüten im Sommer	getrocknete Wurzel für beruhigenden Entspannungstee, getrocknete Blüten für Kräuterkissen
Brennnessel *Urtica dioica*	Sonne, Halbschatten, Schatten, mäßig gießen	100–150 cm hoch; wuchernde ausdauernde Staude; unscheinbaren Blüten von Juni – September	für »wilde« Gartenecken; versamt sich selbst	laufend frische junge Blätter und Triebe	junge Blätter und Triebe für Spinat, Suppe, Aufläufe, Kartoffelgerichte; getrocknet für Entschlackungstee
Duftveilchen *Viola odorata*	Sonne, Halbschatten, Schatten, mäßig gießen, Topf	bis 10 cm hoch; herzförmige Blätter; ab März duftende, violette Blüten; Ausläufer bildend; mehrjährig	an lichte Plätze unter Hecken und Sträuchern setzen; versamt sich selbst	frische Blüten und Blätter im Frühjahr	Blüten für Dessert, Würzessig, Sirup, Likör; getrocknet (Blätter, Blüten, Wurzeln) für hustenstillenden Tee
Eibisch *Althaea officinalis*	Sonne, mäßig gießen	100–150 cm hoch; buschige, ausdauernde Staude mit filzigen Blättern und rosaweißen Malvenblüten	Jungpflanzen im März/April setzen oder kräftige ältere Pflanzen teilen	Wurzel im Herbst, Blätter und Blüten im Sommer	getrocknete Wurzel, Blätter und Blüten für Erkältungstee; frische Blüten für Obstsalate und Desserts
Engelwurz *Angelica archangelica*	Sonne, Halbschatten, mäßig gießen	100–200 cm hoch; ab Juli große, gelbgrüne Blüten auf rötlichen Stängeln; zwei- oder mehrjährig	imposante Pflanze für Beetmittelpunkt; versamt sich selbst	junge Blätter und Stiele im Frühjahr; Wurzeln ab Oktober	Blätter und Stiele mit Anisaroma für Obstsalat und süßen Auflauf; getrocknete Wurzeln für magenstärkenden Tee

Sonne · Halbschatten · Schatten · viel gießen · mäßig gießen

Weitere Heil- und Wildkräuter

Name	Kurzinfo	Aussehen/ Lebensdauer	Anbau/ Pflege	Ernte	Verwendung
Gänse-Fingerkraut *Potentilla anserina*	☼ ◐ ● [wenig gießen] [Topfhaltung möglich]	bis 10 cm hoch; flach kriechende, mehrjährige Pflanze; unterseits silbrige Blätter und gelbe Blüten	Jungpflanzen im März/April setzen oder kräftige ältere Pflanzen teilen	Blätter und Blüten	frische junge Blätter für Salate, Aufläufe, Gratins; getrocknete Blätter und Blüten für krampflösenden Tee
Gundermann *Glechoma hederacea*	☼ ◐ ● [wenig gießen] [Topfhaltung möglich]	bis 20 cm hoch; mehrjährige Pflanze mit rundlichen Blättern und blauen Blüten von April – Juli	für die Wildkräuterwiese; Vermehrung durch Ausläufer	frische, junge Blätter und Triebe im Frühjahr	junge Blätter für Frühlingssalat, Soße, »Gründonnerstagssuppe«; sparsam verwenden, nicht mitkochen!
Knoblauchsrauke *Alliaria petiolata*	☼ ◐ ● [wenig gießen] [Topfhaltung möglich]	bis 40 cm hoch; herzförmige Blätter; ab Mai weiße Blüten; ganze Pflanze duftet nach Knoblauch; zweijährig	für die Wildkräuterwiese an feuchten Plätzen; gute Selbstaussaat	junge Blätter im Frühjahr; Samen im Herbst	Blätter für Frühlingssalat, Soße, Kräuterquark, Pesto; nicht erhitzen! Samen wie Senf zum Würzen
Löwenzahn *Taraxacum officinale*	☼ ◐ ● [wenig gießen]	10–40 cm hoch; Blattrosette mit grünen, gezähnten Blättern; ab April gelbe Blüten; mehrjährig	für die Wildkräuterwiese; starke Selbstaussaat durch »Pusteblumen«	junge Blätter; Blüten, Knospen im Frühjahr	herb-würzige Blätter für Frühlingssalat; getrocknet für entwässernden Tee; frische Blüten für Sirup, Likör
Sauerampfer *Rumex acetosa*	● [wenig gießen] [Topfhaltung möglich]	bis 30–50 cm hoch; längliche, spitz zulaufende Blätter an kantigen Stielen; grüne Blüten; mehrjährig	Jungpflanzen im Frühjahr oder Herbst setzen; Aussaat im Oktober	frische, junge Blätter vor der Blüte im Frühjahr	für Salat, Suppe, Soße, Kräuterquark, Omelett; wie Spinat dünsten; keine großen Mengen, magenreizend!
Schlüsselblume *Primula veris*	☼ [wenig gießen] [Topfhaltung möglich]	bis 20 cm hoch; mehrjährig; weich behaarte Blattrosette; ab März duftende, leuchtend gelbe Blüten	an lichte Plätze unter Hecken und Sträuchern setzen; versamt sich von selbst	frische Blüten	Blüten als essbare Deko für Obst- und Blattsalat; getrocknet (auch Wurzel) für hustenstillenden Tee
Weiße Taubnessel *Lamium album*	☼ ◐ ● [wenig gießen] [Topfhaltung möglich]	30–50 cm hoch; ausdauernd; buschig mit nesselähnlichen Blättern und weißen Blüten von April – Oktober	Jungpflanzen an lichte Plätze unter Hecken und Sträuchern setzen	junge Blätter und Blüten	frische junge Blätter für Salat, Spinat und Aufläufe, frische Blüten als essbare Deko, getrocknete Blüten für Frauentee

Der Kräutergarten rund ums Jahr

Januar

- Kräuter, die im Haus überwintern, wie Rosmarin oder Zitronenverbene, im Winterquartier regelmäßig auf Schädlinge überprüfen und bei Befall gleich bekämpfen
- Gelegentlich das Winterdomizil der Topfkräuter lüften und diese nötigenfalls mit sparsamen Wassergaben versorgen, Vorsicht vor Staunässe
- Anzuchterde, Töpfe, Zimmergewächshaus, Folie, Vlies, Saatgut o. Ä. für die kommende Kräutersaison jetzt in Ruhe auswählen und bestellen

Februar

- Nach wie vor die drinnen überwinternden Kräuter kontrollieren, ob sie noch gesund und frei von Schädlingen sind, und damit beginnen, sie wieder vorsichtig anzugießen
- Am hellen Fensterbrett die ersten Kräuter aussäen, zum Keimen Erde ständig feucht halten

März

- Die ersten Aussaaten pikieren und weitere Kräuter am Fensterbrett oder im Kleingewächshaus aussäen
- Wenn der Boden ausreichend abgetrocknet ist, Pflanz- und Aussaatbeete im Garten vorbereiten, Neu- und Umgestaltungen langsam in Angriff nehmen
- Erste Aussaaten im Freien
- Verholzte Gartenkräuter wie z. B. Lavendel schneiden
- In Gartencenter oder Gärtnerei die ersten Topfkräuter für Beet und Fensterbrett auswählen

Juli

- Beete und Töpfe bekommen »Futter« in Form von Kompost, Fertigdünger oder selbst gemachten Pflanzenjauchen
- Gießen, gießen, gießen! Bei lang anhaltender Trockenheit auch trockenheitsverträglichere Kräuter, z. B. im Steingarten, mit Wasser versorgen
- Nun ist die Haupterntezeit von Trieben und Blättern aller Kräuter, die durch Trocknen, Einlegen oder Einfrieren (unbedingt vor der Blüte) zur späteren Verwendung haltbar gemacht werden

August

- Bei anhaltender Trockenheit gießen nicht vergessen
- Ab Mitte/Ende August nicht mehr düngen, das Triebwachstum ist abgeschlossen
- Verblühte Kräuter wie Lavendel oder Salbei zurückschneiden
- Die letzten Stecklinge schneiden, damit sie vor dem Herbst noch Wurzeln bilden
- Üppiges Grün in Garten und Töpfen: Die Erntezeit von Kräutern zum Würzen und frisch Genießen, aber auch zum Trocknen, Einlegen oder Einfrieren dauert nach wie vor an

September

- Ausdauernde Kräuter bei Bedarf teilen und verpflanzen
- Noch die letzten Kräuter zum Trocknen, Einlegen oder Einfrieren ernten und sich die letzte frische Würze aus dem Garten holen
- Letzter Unkrautgang im Beet
- Schnittlauch, der im Winter im Zimmer angetrieben werden soll, jetzt ausgraben, eintopfen und an einem trockenen Platz im Freien aufstellen
- Krautige Pflanzen wie Zitronenmelisse Ende des Monats zurückschneiden

April

Drinnen überwinternde Kräuter zurückschneiden und umtopfen, und dann ab nach draußen (bei Frost kurzzeitig mit Vlies abdecken)
Auf der warmen und hellen Fensterbank weitere Kräuter vorkultivieren
Auf den Beeten folgen weitere Aussaaten, die regelmäßig feucht gehalten werden müssen
Von mehrjährigen Kräutern erste Stecklinge schneiden
Wildkräuter für die »Frühjahrskur« ernten

Mai

- Mitte Mai beginnt die Freilandsaison: Auch kälteempfindlichere Kräuter direkt auf die Beete aussäen, vorgezogene oder gekaufte auspflanzen; die letzten Kübelpflanzen wandern ins Freie!
- Aussaaten und verpflanzte Kräuter regelmäßig gießen, Jungpflanzen vor Schnecken schützen
- Die Beete von Unkraut frei halten, Mulch ausbringen
- Erste grüne Blättchen und Spitzen der Gartenkräuter können schon geerntet werden

Juni

- Der Großteil der Kräuter auf den Beeten und in den Töpfen schießt jetzt »ins Kraut«: Die Haupterntezeit beginnt!
- Kräuterbrühen und -jauchen für Pflanzenschutz- und Pflegemaßnahmen ansetzen
- Jetzt Bewässerungssysteme für Kräutertöpfe und -kästen installieren und noch vor der Urlaubssaison einen »Probelauf« starten!
- Regelmäßig gießen und Unkraut jäten, düngen sowie auf Schädlingsbefall der Kräuter achten

Der so genannte »Grüne Daumen« beruht oft auf dem Gespür für den richtigen Zeitpunkt. Erfolgreich säen, pflanzen, pflegen und ernten – im Jahres-Arbeitskalender erfahren Sie, was wann zu tun ist.

Oktober

Jetzt ist ein günstiger Zeitpunkt, um den Kompost im Garten umzusetzen
Beete mit schwerer, lehmiger Erde tiefgründig umgraben
Typische »Winterkräuter« wie Winterportulak oder Löffelkraut für die Winterernte mit Reisig oder Folientunnel abdecken
Kälteempfindliche Kräuter bei einzelnen Frostnächten mit Folie oder Vlies abdecken; nicht winterharte Kübelpflanzen wandern bei anhaltenden Minusgraden ins frostfreie Winterquartier

November

- Spätestens jetzt frostempfindliche Kräuter zum Überwintern ins Haus bringen oder mit einer Reisig- oder Vliesdecke einpacken und schützen
- Kräutertöpfe auf Balkon und Terrasse mit Vlies oder Noppenfolie winterfest einpacken

Dezember

- Drinnen überwinternde Kräutertöpfe sparsam gießen
- Schnittlauchpflanzen, die Sie zum Antreiben vorbereitet haben, jetzt ins Haus holen, warm und hell (z. B. am Küchenfenster) aufstellen und angießen, bis sich die ersten grünen Triebe zeigen
- In Büchern und Zeitschriften schmökern für neue Anregungen für den Kräutergarten
- Selbst gemachte Notizen sortieren und zusammentragen als Vorbereitung für die nächste Saison

Register

Halbfette Seitenzahlen verweisen auf Abbildungen.

Adressen

Kräuter-Gärtnereien mit Versand

Planwerk
Staudengärtnerei am Chiemsee
Esbaum 2
83358 Seebruck
www.chiemseegarten.de

Blumenschule im Schongau
Augsburger Straße 62
86956 Schongau
www.blumenschule.de

Die Kräuterei
Alexanderstraße 29
26121 Oldenburg
www.kraeuterei.de

Gärtnerei Gaißmayer
Jungviehweide 3
89257 Illertissen
www.gaissmayer.de

Hof Berggarten
Großherrischwand
Lindenweg 17
79737 Herrischried
www.hof-berggarten.de

Versand von Samen

Gärtner Pötschke
Beuthener Straße 4
41561 Kaarst
www.poetschke.de

Rieger-Hofmann GmbH
In den Wildblumen 7
74572 Blaufelden-Raboldshausen
www.rieger-hofmann.de

Syringa-Samen
Bachstraße 7
78247 Hilzingen-Binningen
www.syringa-samen.de

Accessoires

Die Gartengalerie
Wössinger Straße 15
75045 Walzbachtal
www.gartengalerie.de

Bodenuntersuchung

Verband Deutscher Landwirtschaftlicher Untersuchungs- und Forschungsanstalten e.V.
Obere Langgasse 40
67346 Speyer
www.vdlufa.de

Literatur

Weiterführende Bücher

Kötter, Engelbert: **Das Große GU Praxishandbuch Kräuter.** Gräfe und Unzer Verlag, München

Dr. Grünwald, Jörg / Jänicke, Christof: **Grüne Apotheke.** Gräfe und Unzer Verlag, München

Hudak, Renate: **Küchengarten.** Gräfe und Unzer Verlag, München

Seehusen, Henning: **Der Kräuter-Kompass. Über 50 Kräuter von A – Z.** Gräfe und Unzer Verlag, München

DANK

Verlag, Autorin und die Fotografen Manfred Jahreiß und Eva Wunderlich danken für die freundliche Unterstützung bei der Fotoproduktion:
Fam. Agthe, Selb; www.dabew.com.pl (Freisteller Werkzeug, S. 30/31); Fam. Heine, Selb; Fam. Jahreiß, Selb; Harry Lehmann, Waldershof-Poppenreuth; Maike Markowski, Selb; Tanja Müller, Marktredwitz-Lorenzreuth; Brigitte Pohl, Selb; Fam. Rußwurm, Hohenberg; Fam. Schmidt, Selb; Nicole Skala, Selb; Fam. Volkmann, Selb; Renate Voss, Selb; Fam. Wunderlich, Marktredwitz-Lorenzreuth; Günter Wunderlich, Selb; Uli Wunderlich, Selb.

Der Verlag dankt außerdem der Baumschule Fischer, Pfaffenhofen/Ilm, und der Fam. Glasner, Pfaffenhofen/Ilm, für die freundliche Unterstützung bei der Fotoproduktion (S. 42/43).

Gartenlust pur

GU PFLANZENPRAXIS – Gärtnern wie ein Profi

ISBN 978-3-8338-0189-1
128 Seiten

ISBN 978-3-8338-0191-4
128 Seiten

ISBN 978-3-7742-6764-0
128 Seiten

ISBN 978-3-7742-7280-4
128 Seiten

ISBN 978-3-8338-1126-5
128 Seiten

ISBN 978-3-8338-0598-1
128 Seiten

Das macht sie so besonders:

Das Plus an Praxis – alle Arbeiten step by step

Frage & Antwort – guter Rat vom Gartenexperten

Auf einen Blick – Material, Werkzeug und Zubehör

GU

Willkommen im Leben.

BILDNACHWEIS

De Cuveland: 107 re., 109 re., 114 li.; Diez: 96 u.; Fischer: 17 u. li., 101 li.; Hempfling: 34 li., 34 re., 35 li., 35 mi., 35 re., 42 li., 42 re., 43 li., 43 re.; Herwig: 8, 15; Jahreiß: U4, 6 o. li., 6 o. re., 6 u. li., 6 u. re., 26 o. li., 26 o. re., 26. u. li., 26 u. re., 30 o., 30. u., 31 o., 31 u., 31 re., 49, 51 o., 51 mi. o., 51 mi. u., 51 u. re., 53 o., 53 mi. o., 53 mi. u., 53 u., 54 li., 54 re., 55 li., 55 mi., 55 re., 57 li., 57 mi., 57 re., 60, 61, 63 o., 63 mi. o., 63 mi. u., 63 u., 64 li., 64 mi., 64 re., 74 li., 74 re., 75 li., 75 mi., 75 re., 81 o., 81 mi. o., 81 mi. u., 81 u., 85 li., 85 mi., 85 re., 90 u., 92 o. li., 120, 121; Jarosch: 22, 46; Kuttig: 73 o. mi.; Laux: 2/3, 110 re.; Lorenz Books, aus: A Harvest of Herbs: 41 o., 41 mi. o., 41 mi. u., 41 u., 44 li., 44 mi., 44 re; Nickig: 18, 29, 37 o., 76, 106 li., 109 mi.; Pforr: 70, 72 o. mi., 72 o. re., 90 o., 92 o. re., 97 re., 102 li., 103 li., 105 re., 107 li., 109 li., 112 li., 112 mi., 114 re.; Photo Press/Rogler: 21; Photo Press: 99 re.; Redeleit: 1, 32, 33 li., 69 o., 69 mi. o., 69 mi. u., 69 u., 97 li., 98 li., 98 mi., 101 mi., 103 re., 111 mi., 113 li.; Reinhard: U1, 11, 12, 13, 24, 37 u., 51 u. re., 71, 72 u. li., 92 u. re., 96 o., 97 mi., 99 mi., 100 li., 100mi., 102 mi., 102 re., 103 mi., 104 o., 108 li., 108 mi., 108 re., 110 mi., 111 li., 111 re., 113 mi., 113 re., 115 mi.; Dr. Reitmeier: 72 o. li., 72 u. mi., 73 o. li., 73 u. mi., 73 u. re.; Schaefer: 72 u. re., 73 o. re.; Schneider/Will: 5 li., 9, 16, 19, 20, 28, 36, 58, 83 o., 83 u., 86, 88, 92 u. li., 94, 95, 100 re., 105 mi., 106 mi., 106 re., 107 mi., 112 re., 115 li., 115 re.; Stein: 17 o. re., 104 u.; Stork: 4 li., 33 mi., 33 re., 87, 91, 114 mi.; Strauß: 4 re., 5 re., 10, 14, 23, 73 u. li., 78, 79, 82, 99 li., 99 mi., 105 li., 110 li; Sulzberger: 98 re., 101 re.

Syndication:
www.jalag-syndication.de

Illustrationen von Heidi Janiček, München.

Fotos im Innenteil:
S. 2/3: Pfefferminze; S. 6: Erdbeertopf mit Kräutern (o. li.), Trockenmauer mit Lavendel und Thymian (o. re.), Beet mit Mangold und Oregano (u. li.), Blütenmix aus Tagetes, Salbei und Lavendel (u. re.); S. 26: Rosmarin ernten (o. li.), Kompost einarbeiten (o. re.), Stecklinge von Heiligenkraut (u. li.), Kräuter überwintern (u. re.); S. 92: verschiedene Blattformen von Thymian, Salbei und Currykraut (o. li.), Ringelblumen (o. re.), Pfefferminze (u. li.), mediterranes Kräuterbeet (u. re.).

DIE AUTORIN

Renate Hudak ist diplomierte Garten-bau-Ingenieurin und arbeitet im Botanischen Garten Augsburg. Dort ist sie für Bürgerberatung, Presse- und Öffentlichkeitsarbeit zuständig. Kräuter sind ihre große Leidenschaft. Seit vielen Jahren hält sie Seminare zum Thema.

WICHTIGE HINWEISE

- Die meisten der hier vorgestellten Arten und Sorten sollten nicht im Übermaß verzehrt werden.
- Bewahren Sie Dünge- und Pflanzenschutzmittel für Kinder und Haustiere unerreichbar auf.
- Suchen Sie bei Verletzungen umgehend einen Arzt auf. Eventuell ist eine Impfung gegen Tetanus erforderlich.

IMPRESSUM

Redaktion und Konzeption: Angelika Holdau
Lektorat: Iris Jachertz
Bildredaktion: Silvia Ebbinghaus
Umschlaggestaltung und Layout: independent Medien-Design, Horst Moser, München
Produktion: Susanne Mühldorfer
Satz: Ludger Vorfeld, München
Reproduktion: Penta Repro, München
Druck: Appl, Wemding
Bindung: m.appl, Wemding
Printed in Germany

ISBN 978-3-7742-6765-7

7. Auflage 2010

GRÄFE UND UNZER

Ein Unternehmen der
GANSKE VERLAGSGRUPPE

DAS ORIGINAL · GU · MIT GARANTIE

Unsere Garantie

Alle Informationen in diesem Ratgeber sind sorgfältig und gewissenhaft geprüft. Sollte dennoch einmal ein Fehler enthalten sein, schicken Sie uns das Buch mit dem entsprechenden Hinweis an unseren Leserservice zurück. Wir tauschen Ihnen den GU-Ratgeber gegen einen anderen zum gleichen oder ähnlichen Thema um.

Liebe Leserin und lieber Leser,

wir freuen uns, dass Sie sich für ein GU-Buch entschieden haben. Mit Ihrem Kauf setzen Sie auf die Qualität, Kompetenz und Aktualität unserer Ratgeber. Dafür sagen wir Danke! Wir wollen als führender Ratgeberverlag noch besser werden. Daher ist uns Ihre Meinung wichtig. Bitte senden Sie uns Ihre Anregungen, Ihre Kritik oder Ihr Lob zu unseren Büchern. Haben Sie Fragen oder benötigen Sie weiteren Rat zum Thema? Wir freuen uns auf Ihre Nachricht!

Wir sind für Sie da!
Montag – Donnerstag: 8.00 – 18.00 Uhr;
Freitag: 8.00 – 16.00 Uhr
Tel.: 0180-5 00 50 54*
Fax: 0180-5 01 20 54*
E-Mail: leserservice@graefe-und-unzer.de
*(0,14 €/Min. aus dem dt. Festnetz/ Mobilfunkpreise maximal 0,42 €/Min.)

P.S.: Wollen Sie noch mehr Aktuelles von GU wissen, dann abonnieren Sie doch unseren kostenlosen GU-Online-Newsletter und/oder unsere kostenlosen Kundenmagazine.

GRÄFE UND UNZER VERLAG
Leserservice
Postfach 86 03 13
81630 München